全国优秀畅销书配套教材

21世纪会计专业主干课程教材

管理会计
习题与解答

第八版

刘萍 于树彬 时丹丹 主编

东北财经大学出版社 大连

图书在版编目（CIP）数据

管理会计习题与解答 / 刘萍，于树彬，时丹丹主编．—8版．—大连：东北财经大学出版社，2023.2
（21世纪会计专业主干课程教材）
ISBN 978-7-5654-4699-3

Ⅰ.管… Ⅱ.①刘… ②于… ③时… Ⅲ.管理会计-高等职业教育-题解 Ⅳ.F234.3-44

中国版本图书馆CIP数据核字（2022）第218875号

东北财经大学出版社出版
（大连市黑石礁尖山街217号 邮政编码 116025）
网 址：http://www.dufep.cn
读者信箱：dufep@dufe.edu.cn
大连东泰彩印技术开发有限公司印刷 东北财经大学出版社发行

幅面尺寸：185mm×260mm 字数：238千字 印张：10 插页：1
2023年2月第8版 2023年2月第1次印刷
责任编辑：包利华 责任校对：张晓鹏
封面设计：冀贵收 版式设计：原 皓

定价：24.00元

教学支持 售后服务 联系电话：（0411）84710309

如有印装质量问题，请联系营销部：（0411）84710711

第八版前言

为满足广大高等职业院校“管理会计”课程的教学需要，我们根据第八版《管理会计》教材的教学内容，在第七版《管理会计习题与解答》的基础上修订编写本书。

本书在主教材《管理会计》(第八版) 系统、全面以及有所更新的知识内容基础上，充分考虑高等职业教育教学特点，设置了框架体系。每章由“学习目的和要求”、“学习重点和难点”与“习题”三部分组成。其中，“习题”题型丰富，包括：名词解释、填空题、单项选择题、多项选择题、判断题、简答题、计算分析题、综合题等。题量大，难易适中，并提供了各章习题的参考答案，以便于学生进一步掌握该门课程的理论和方法，并能灵活应用以解决实际问题。

本书由哈尔滨商业大学刘萍、于树彬、时丹丹任主编，张忠华、廉永生、李绵及哈尔滨医科大学附属第二医院沈景阳任副主编，黑龙江省新产业投资集团有限公司李作家参与编写。具体分工如下：时丹丹执笔第一章、第二章；张忠华执笔第六章、第十一章；廉永生执笔第四章、第七章；李绵执笔第三章、第五章；沈景阳执笔第八章、第十章；李作家执笔第九章。研究生周琳、李方琪、姜汉杰、牛佰慧、丁悦、谭淞文参与了本书题解计算工作。最后由刘萍、于树彬教授对全书内容进行总纂。

由于作者水平有限，本书难免存在不足之处，敬请读者批评指正。

编　者

2023年2月

目　录

第一章 绪 论

学习目的和要求

通过本章的学习，使学生对管理会计有一个总括的了解，为以后各章的学习奠定基础。学习本章，要重点掌握以下内容：

1. 从管理会计的形成与发展中掌握财务会计与管理会计的关系，以及管理会计的主要特点。

2. 掌握管理会计的基本目标和具体目标。

3. 掌握管理会计的对象及原则。

4. 掌握管理会计的内容，了解管理会计的程序。

学习重点和难点

一、学习重点

（一）管理会计的形成过程

1. 管理会计的定义

广义的管理会计包括微观管理会计、宏观管理会计和国际管理会计，而狭义的管理会计仅仅是指微观管理会计。

微观管理会计的定义：

管理会计是以现代管理科学和会计学为基础，以加强企业内部管理为目的，运用科学的方法，通过对企业经营活动过程进行规划、决策、控制和考核评价，为企业内部管理人员提供有用信息的一种决策支持系统。

现代企业会计的两大分支是财务会计和管理会计。

2. 管理会计的历史沿革

（1）管理会计萌生于19世纪末20世纪初，它是从传统会计中分离出来的。

（2）管理会计的雏形形成于20世纪上半叶。20世纪初至20世纪50年代属于传统管理会计阶段，此阶段管理会计的主要内容是标准成本计算制度和预算控制，其职能主要集中在“控制”方面，此阶段的特征是以控制会计为核心。

（3）“管理会计”这一术语第一次提出是在1922年，提出者是美国会计学者魁因斯坦。

（4）20世纪50年代至现在属于现代管理会计阶段，此阶段形成了以预测决策会计为主、以规划控制会计和责任会计为辅的现代管理会计新体系。

“管理会计”这一术语在1952年得到国际公认。

管理会计在20世纪70年代流行于西方发达国家，在80年代风靡全球。此时，管理会计引入我国。

（二）管理会计的特点

1.管理会计与财务会计的联系

（1）管理会计与财务会计信息同源。

（2）管理会计和财务会计报表内容相互渗透。

2.管理会计与财务会计的区别

（1）目的不同。

财务会计是对外报告会计，其目的是提供信息，反映情况；管理会计是内部会计，其目的是加强管理，参与决策。

（2）主体不同。

财务会计着重于整体，以整个经济核算制企业或财务收支单位等作为会计主体；管理会计则着重于部分，个别产品、个别部门、个别责任中心均可作为会计主体。

（3）计算依据不同。

财务会计的计算必须依据公认的会计准则和法定的会计制度；管理会计的计算依据则是经济决策理论和管理的需要。

（4）资料时效不同。

财务会计反映已经发生的经济活动；管理会计则评价预计将要发生或者应当发生的经济活动。

（5）计量单位不同。

财务会计以货币为主要计量单位；管理会计除了以货币作为计量单位外，还包括实物量、比例数、指数等。

（6）信息特征不同。

财务会计提供的经济信息是全面的、系统的、连续的和综合的；管理会计提供的经济信息则是特定的、部分的和有选择性的。

（7）数据特征不同。

财务会计的报表数据是实际的资金运用的结果；管理会计的报告则往往是可供选择的多种可能的预测、若干决策方案或弹性计划。

（8）精确程度不同。

财务会计的各项指标都要力求精确；管理会计只需计算近似的数值。

（9）核算程序不同。

财务会计的核算程序固定，带有强制性，它所使用的账、证、表都有规定的格式；管理会计的核算程序不固定，可自由选择，它所使用的账、证、表均可根据需要自行设计。

（10）方法体系不同。

财务会计具有填制凭证、货币计价、会计科目、复式记账、成本计算、登记账簿、财产清查、编制报表等一整套处理经济信息的方法体系；管理会计则大量采用数学方法进行预测、决策。

（11）编表时间不同。

财务会计的报表一般都是定期编制的；管理会计的报表是视管理需要不定期编制的。

（12）成本结构和计算方法不同。

财务会计根据生产费用计入产品成本的程序不同，将其划分为直接成本和间接成本，采用全部成本法计算产品成本；管理会计根据成本与产量的关系，将生产费用划分为固定成本和变动成本，并采用变动成本法计算产品成本。

3.管理会计的主要特点

（1）侧重于为企业内部的经营管理服务；

（2）方式、方法更为灵活多样；

（3）兼顾企业生产经营的全局与局部两个方面；

（4）面向未来；

（5）广泛应用数学方法。

（三）管理会计的目标

管理会计的目标可以分为两个层次：第一层次为管理会计的基本目标，即提高企业的经营管理水平和经济效益；第二层次为管理会计的具体目标，即采用各种专门方法向企业内部各级管理人员提供有利于实现管理会计基本目标的各种有用信息，并参与企业的经营管理过程。

管理会计的具体目标主要包括以下几个方面：

1.正确规划未来

在科学经营预测基础上进行正确决策，并通过方案优选来实现企业资源的合理配置。将选定的最优方案进行分工落实，形成企业的全面预算，全面预算的落实和具体化又形成了责任预算，从而使各部门明确各自的目标和任务，共同努力，保证企业总目标和任务的实现与完成。

2.有效控制现在

根据企业总体目标制定各责任中心的控制目标和标准，记录各责任中心的执行情况，并将实际执行情况与具体目标相对比，计算分析产生差异的原因，通过信息反馈及时纠正偏差或防止偏差的发生。

3.合理考核评价业绩

依据责、权、利相统一的原则，合理划分各部门的责任，形成不同的责任中心，并给予相应的权利，正确制定各中心考核指标，定期考核各责任中心的业绩与效果，进行合理的奖惩，以使各部门挖掘潜力，不断改善经营管理，促进企业整体效益的提高。

（四）管理会计的基本内容

第一，在成本方面，着重介绍标准成本制度，这是管理会计最基本的方法。它既是计划目标，又是成本控制、分析的依据。其他各种管理会计方法几乎都跟成本有关。成本性态分析、变动成本法和作业成本法也是管理会计的基本内容。

第二，在决策方面，主要介绍预测方法、经营决策方法以及投资决策方法。决策也是管理会计的重要内容，主要包括决策基本因素预测、短期经营决策和长期投资决策等。

第三，在预算控制方面，主要介绍经过决策确定目标的全面预算和存货控制。

第四，在责任会计方面，主要介绍绩效分析、责任中心、内部转移价格、管理会计报告。

二、学习难点

管理会计的特点。

习　题

一、名词解释

管理会计

二、填空题

1.（　　）是对外报告会计，其目的是提供信息，反映情况；（　　）则是内部会计，其目的是加强管理，参与决策。

2.传统管理会计阶段是从（　　）至（　　），管理会计原始雏形形成的标志是（　　），此时，管理会计的内容主要包括（　　）和（　　）。但在实践中，其职能集中体现在（　　）方面，故称传统管理会计阶段的特征是（　　）。

三、单项选择题

1.狭义的管理会计是指（　　）。

A.微观管理会计　　B.宏观管理会计

C.国际管理会计　　D.成本会计

2.管理会计以强化企业内部管理、（　　）为最终目的。

A.降低成本　　B.降低保本点

C.实现最佳经济效益　　D.增加销售量

3.现代管理会计的核心内容是（　　）。

A.预测决策会计　　B.规划控制会计

C.本量利分析　　D.责任会计

4.现代管理会计产生的关键标志是（　　）。

A.全面预算的产生　　B.成本控制的产生

C.本量利分析的产生　　D.预测决策会计的产生

5.传统管理会计的最主要职能是（　　）。

A.预测　　B.决策

C.考评　　D.控制

6.传统管理会计是以（　　）为核心的。

A.责任会计　　B.控制会计

C.成本性态分析　　D.预测决策会计

7.“管理会计”这一术语第一次提出是在（　　）。

A.1922年　　B.1900年

C.1952年　　D.1972年

8.第一次提出“管理会计”这一术语的会计学者是（　　）。

A.麦金西　　B.魁因斯坦

C.布利斯　　D.法约尔

9.管理会计产生与发展的根本原因是（　　）。

A.科学技术的发展　　B.商品经济的发展

C.跨国公司的发展　　D.生产力的进步

10.管理会计所需要的资料主要来源于（　　）。

A.统计　　B.财务会计

C.销售部门　　D.生产部门

11.管理会计与财务会计的工作客体有相似之处，是指（　　）。

A.工作对象都是企业经营活动的价值运动

B.研究对象都是企业的总成本

C.目的都是提高企业经济效益

D.都是只有整个企业一个核算层次

12.管理会计的服务对象主要是（　　）。

A.企业的投资人　　B.企业的债权人

C.税务部门　　D.企业经营管理者

13.管理会计的信息载体主要是（　　）。

A.利润表　　B.资产负债表

C.财务状况变动表　　D.内部报告

14.（　　）是以强化企业内部经营管理、实现最佳经济效益为目的，实现对经济过程的预测、决策、规划、控制和考核评价等职能的会计分支。

A.狭义的管理会计　　B.广义的管理会计

C.宏观管理会计　　D.财务会计

15.20世纪初，以（　　）为主要内容的“标准成本计算制度”和“预算控制”，标志着管理会计的雏形已经形成。

A.数量分析　　B.离散分析

C.差异分析　　D.成本分析

16.现代企业会计的两大分支：一为财务会计；一为（　　）。

A.成本会计　　B.预算会计

C.管理会计　　D.财务管理

17.在多数情况下，管理会计突出了以（　　）为中心的行为管理。

A.投资　　B.利润

C.人　　D.企业

18.管理会计所提供的信息是为了满足内部管理的特定要求，其中涉及未来的信息不要求具备（　　）。

A.精确性　　B.相关性

C.及时性　　D.统一性

四、多项选择题

1.广义的管理会计包括（　　）。

A.微观管理会计　　B.宏观管理会计

C.国际管理会计　　D.成本会计

2.管理会计的职能包括（　　）。

A.预测　　B.决策　　C.规划　　D.控制　　E.考评

3.现代管理会计的内容有（　　）。

A.预测决策会计　　B.规划控制会计

C.责任会计　　D.考核会计

4.传统管理会计的主要内容有（　　）。

A.预测　　B.决策

C.预算　　D.控制

5.以下各项中，属于管理会计与财务会计联系的有（　　）。

A.两者相互依存、相互制约　　B.两者的工作客体有相似之处

C.两者最终奋斗目标一致　　D.两者都需要完善与发展

6.管理会计的特点有（　　）。

A.侧重为企业内部经营管理者服务　　B.主要预测和规划未来

C.不受“公认会计原则”约束　　D.核算程序严格固定

7.管理会计的职能是管理会计实践本身客观存在的必然性决定的内在功能，它的基本职能包括（　　）。

A.预测经济前景　　B.参与经济决策

C.规划经营目标　　D.控制经济过程

E.考核评价经营业绩

8.管理会计的主体包括多个层次，它可以以（　　）作为其工作的主体。

A.投资中心　　B.利润中心

C.成本中心　　D.费用中心

E.整个企业

9.管理会计要求，涉及未来的信息要满足（　　）。

A.精确性　　B.及时性

C.相关性　　D.统一性

E.规范性

10.无论是广义的管理会计，还是狭义的管理会计，都关系到（　　）等会计管理职能。

A.预测　　B.控制

C.决策　　D.规划

E.责任考核评价

五、判断题

1.现代企业会计的两个分支是财务会计和管理会计。（　　）

2.管理会计的主要职能是反映和监督。（　　）

3.管理会计萌生于19世纪末20世纪初。（　　）

4.传统管理会计的主要内容是预算和控制。（　　）

5.20世纪30年代至今属于现代管理会计阶段。（　　）

6.管理会计的资料主要来源于财务会计，它的主要工作内容是对财务会计信息进行深加工和再利用。（　　）

7.管理会计主要为企业外界服务，因而又可称为“外部会计”。（　　）

8.管理会计的工作主体分为多个层次，但主要以企业内部责任单位为主体。（　）

9.财务会计的作用时效横跨过去、现在和未来，但主要是面向未来。（　）

10.财务会计和管理会计都必须遵守企业会计准则。（　）

11.管理会计是一种侧重于在现代企业内部经营管理中直接发挥作用的会计，又是企业管理的主要组成部分，因此称为内部经营管理会计。（　）

12.会计机构隶属于企业的服务部门，构成现代企业会计两大分支的管理会计和财务会计应当合并在一起。（　）

13.财务会计着重于整体，以整个经济核算制企业或财务收支单位等作为主体；管理会计则着重于部分，个别产品、个别部门、个别责任中心均可作为会计主体。（　）

14.控制会计处于现代管理会计的核心地位，又是现代管理会计形成的关键标志之一。（　）

15.20世纪初，产生了以差异分析为主要内容的“标准成本计算制度”和“预算控制”，标志着管理会计的原始雏形已经形成。（　）

16.在传统管理会计阶段，管理会计的内容主要包括预算和控制，其中管理会计的职能集中体现在预算方面。（　）

17.管理会计主要以企业内部责任单位为主体，因此这是以物为中心的管理。（　）

18.管理会计突破了“公认会计原则”的要求，可以不受权责发生制原则和历史成本原则的限制。（　）

19.与财务会计不同，管理会计的信息载体多为没有统一格式的内部报告，对这些报告的种类也没有统一的规定。（　）

六、简答题

1.简述管理会计与财务会计的联系和区别。

2.简述管理会计的基本内容。

3.简述管理会计的目标。

第二章　成本性态分析与成本计算

学习目的和要求

为了更有效地规划与控制企业的经济活动，首先必须要把企业的全部成本按性态进行分类，并进行成本性态分析，掌握成本计算的新方法即变动成本法、作业成本法。通过本章的学习，使学生深入了解成本分类及成本性态分析的理论与方法，掌握变动成本法、作业成本法的理论依据以及如何运用。学习本章，要重点掌握以下内容：

1.成本性态及按性态分类的成本项目。

2.成本性态分析。

3.变动成本法及其与全部成本法的区别。

4.变动成本法和全部成本法在计算产品成本上的差别。

5.变动成本法和全部成本法在计算分期损益时的不同之处及其原因。

6.作业成本法的应用与作业成本管理。

学习重点和难点

一、学习重点

（一）管理会计中的成本概念

在管理会计中，成本是指企业在生产经营过程中对象化的、以货币表现的、为达到一定目的而应当或可能发生的各种经济资源的价值牺牲或代价。

此概念特别强调“应当或可能发生”，这一点与财务会计所说的成本概念有所不同。

（二）成本按其性态分类

1.成本性态的含义

成本性态是指成本总额与特定业务量之间在数量方面的依存关系。这种关系是客观存在的，又称成本习性。按成本性态可将全部成本分为固定成本、变动成本和混合成本三大类。

2.固定成本

（1）固定成本的含义。

固定成本是指在一定时期、一定业务量范围内，其总额保持不变的有关成本。

（2）固定成本的特点。

① 在一定时期、一定业务量范围内，固定成本总额不受业务量变动的影响，固定不变。

② 在一定时期、一定业务量范围内，随着业务量的变动，单位固定成本成反比例变动。

（3）固定成本包括的具体项目。

西方会计中的固定成本项目有：房屋设备租赁费、保险费、广告费、不动产税、按使用年限法计提的折旧费、管理人员薪金等。

我国会计中的固定成本项目有：办公费、差旅费、折旧费、劳动保险费、管理人员工资、租赁费、广告费、财产保险费、城镇土地使用税等。

（4）固定成本的分类。

固定成本可进一步分为约束性固定成本和酌量性固定成本。

项目	约束性固定成本	酌量性固定成本
包括的具体成本项目	按直线法计提的折旧费	广告费
	不动产税	职工培训费
	财产保险费	新产品开发费
	管理人员工资	经营性租赁费

3.变动成本

（1）变动成本的含义。

变动成本是指在一定时期、一定业务量范围内，随着业务量的变动，其总额成正比例变动的有关成本。

（2）变动成本的特点。

① 变动成本总额随业务量变动成正比例变动。

② 单位变动成本不受业务量变动影响，固定不变。

（3）变动成本包括的具体项目。

西方会计中的变动成本项目有：直接材料、直接人工和随产量成正比例变动的物料用品费、燃料费、动力费，以及按销售量支付的销售佣金、装卸搬运费、包装费等。

我国会计中的变动成本项目有：原材料费、燃料及动力费、外部加工费、外购半成品费、按产量法计提的折旧费、计件工资形式下的生产工人工资以及与销售量成正比例的销售费用等。

注意：

折旧费按使用年限法计提属于固定成本，按产量法计提属于变动成本。没有说明按何种方法计提的折旧费一般归为固定成本。

生产工人工资采取计件工资形式属于变动成本，采取计时工资形式属于固定成本，没有说明采取何种工资形式的生产工人工资一般归为变动成本。

4.混合成本

混合成本是指介于固定成本和变动成本之间，既随业务量变动而变动，但又不成正比例变动的那部分成本。混合成本包括半固定成本、半变动成本、延期变动成本和曲线式成本四类。

5.相关范围对成本性态的影响

（1）广义的相关范围是指业务量和期间范围；狭义的相关范围是指业务量范围。

（2）固定成本和变动成本只有在相关范围内才不改变原来的性态和特点。

（3）由于相关范围的存在，使得固定成本和变动成本具有相对性、暂时性和可转化性的特点。

（三）成本性态分析

1.成本性态分析的含义

成本性态分析是指在明确各种成本的性态的基础上，按照一定的程序和方法，最终将全部成本区分为变动成本和固定成本两大类，并建立相应成本函数模型的过程。

成本性态分析与成本按性态分类的联系：

（1）两者的对象都是企业的总成本。

（2）成本按性态分类是成本性态分析的基础。

两者的区别如下：

项目	成本按性态分类	成本性态分析
性质不同	定性	定性和定量
结果不同	分为三类成本	最终归为两类成本

2.成本性态分析的程序

多步骤分析程序

全部成本 {变动成本、混合成本、固定成本} → 变动成本、固定成本

单步骤分析程序

全部成本 {变动成本、固定成本}

3.成本性态分析的方法

（1）高低点法。

建立总成本数学模型Y=a+bX，首先确定高低点，然后求得b和a。

$$b=\frac{\text{最高点混合成本(总成本)}-\text{最低点混合成本(总成本)}}{\text{最高点业务量}-\text{最低点业务量}}$$

a=最高点混合成本（总成本）−b×最高点业务量

或　=最低点混合成本（总成本）−b×最低点业务量

注意：

① 选择高低点时应以自变量（即业务量）的高低为标准。

② 如果要求进行预测，将已知的业务量X代入Y=a+bX公式中，求得的Y即为预测值。

（2）散布图法。

散布图法是指在坐标图上，分别标明一定期间内业务量以及与之相应的混合成本的坐标点，通过目测画一条尽可能反映所有坐标点的直线，据此推算出固定成本和单位变动成本的一种方法。

（3）直线回归法。

建立总成本数学模型Y=a+bX。

①根据已知资料，计算$\sum X$、$\sum Y$、$\sum XY$、$\sum X^2$。

②计算相关系数r，只要r接近于1，就说明X与Y正相关，可以用直线回归法。

③求b和a。

$$b=\frac{n\cdot\sum XY-\sum X\sum Y}{n\cdot\sum X^2-(\sum X)^2}$$

$$a=\frac{\sum Y-b\sum X}{n}$$

④得出成本性态分析模型 Y=a+bX。

⑤将已知的业务量 X 代入 Y=a+bX 模型进行总成本预测。

（四）变动成本法概述

1.变动成本法的含义

变动成本法是指只将变动生产成本作为产品成本的构成内容，而将固定生产成本及非生产成本作为期间成本的一种成本计算方法。

2.变动成本法的理论依据

管理会计认为：产品成本必然与产品产量密切相关，产品成本总额应当随着产品产量的变动成正比例变动，因此，只有变动生产成本才应该计入产品成本；固定生产成本在相关范围内，它的发生与各期实际产量的多少无关，它只是定期地创造了可供利用的生产能量，因而与期间的关系更为密切，它与非生产成本一样具有时效性，其效益随着时间的推移而逐渐丧失，不能递延到下期，因此，固定生产成本应当与非生产成本同样作为期间成本处理。

3.变动成本法的优缺点

（1）变动成本法的优点。

变动成本法的诞生，突破了传统的、狭隘的成本观念，为强化企业内部的经营管理、提高经济效益开创了新的路径。这种方法的优点可归纳为如下五点：

① 从理论上来说，这种方法最符合“费用与收益相配比”这一公认会计原则的要求。

② 能提供最有用的管理信息，为预测前景、参与决策和规划未来服务。

③ 便于分清各部门的责任，有利于进行成本控制与业绩评价。

④ 促进管理当局重视销售环节，防止盲目生产。

⑤ 简化成本计算，便于加强日常管理。

（2）变动成本法的局限性。

① 不符合传统成本概念的要求。

② 不能适应长期决策和定价决策的需要。

③ 由全部成本法计算改为用变动成本法计算时，会影响有关方面的利益。

（五）变动成本法与全部成本法的区别

项目	全部成本法	变动成本法
应用的前提条件不同	把成本分为生产成本和非生产成本	把成本分为变动成本和固定成本
构成内容不同 { 产品成本	全部生产成本	变动生产成本
构成内容不同 { 期间成本	非生产成本	固定生产成本和非生产成本
产品成本水平不同	较高	较低
销货成本的计算公式不完全相同	一般用倒挤法	一般用简化法

续表

项目	全部成本法	变动成本法
营业净利润的计算公式不同	营业收入－营业成本=营业毛利 营业毛利－营业费用=营业净利润	营业收入－变动成本=边际贡献 边际贡献－固定成本=营业利润
利润表格式不同	传统式	贡献式
中间指标有所不同	营业毛利	边际贡献
计算出来的营业净利润有可能不同	多或少	少或多
提供信息的用途不同	满足对外报表的需要	满足决策需要

（六）两种成本法下利润差额的变化规律

1.两种成本法利润差额的含义

广义利润差额：
- 不等于零(狭义利润差额)
- 等于零

2.狭义利润差额产生的根本原因

必须从分析固定制造费用入手。全部成本法把固定制造费用计入产品成本，而变动成本法则把其作为期间成本。在全部成本法下，列入利润表的固定制造费用不仅受当期发生额的影响，而且受期末和期初存货水平的影响，因此，两种成本法列入当期利润表的固定制造费用的水平出现了差异，导致两种方法计算的利润出现差额。

3.两种成本法广义利润差额的变化规律

全部成本法	变化规律
期末存货固定生产成本>期初存货固定生产成本	全部成本法计算的利润较多
期末存货固定生产成本<期初存货固定生产成本	变动成本法计算的利润较多
期末存货固定生产成本=期初存货固定生产成本	两种成本法计算的利润相等

在下列特殊条件存在时，还存在如下变化规律：

期初存货量	期末存货量	变化规律
为零	不为零	全部成本法计算的利润较多
不为零	为零	变动成本法计算的利润较多
为零	为零	两种成本法计算的利润相等

当期末和期初存货量均不为零，前后期单位固定生产成本相等时，有如下变化规律：

期末存货量>期初存货量（产>销）	全部成本法计算的利润较多
期末存货量<期初存货量（产<销）	变动成本法计算的利润较多
期末存货量=期初存货量（产=销）	两种成本法计算的利润相等

（七）两种成本法利润差额的简算法

在不编制利润表时，可以按照如下公式直接计算两种成本法的利润差额：

$$\text{两种成本法的利润差额} = \text{期末存货的单位固定生产成本} \times \text{期末存货量} - \text{期初存货的单位固定生产成本} \times \text{期初存货量}$$

（八）作业成本法

1.作业成本法的相关概念

（1）作业。作业是指企业生产经营过程中各项独立并相互联系的活动。作业贯穿于生产经营的全过程，从产品设计开始，经过物料供应、生产工艺等各个环节，直至产品的发运销售。在这一过程中，每个环节、每道工序都可以视为一项作业，如产品设计、订单处理、采购、储存等。作业按照受益对象层次和重要性分为五类：产量级作业、批别级作业、品种级作业、客户级作业、设施级作业。

（2）成本动因。成本动因又称为成本推动因素，是对导致成本发生及增加的具有相同性质的某一类重要事项进行的度量，是对作业的量化表现。成本动因通常选择作业活动耗用资源的计算标准来进行度量。例如，研究开发费的支出与研究计划的数量、研究计划所费的工时或者研究计划的技术复杂性相关，这三者就是研究开发费的成本动因。一个企业成本动因的数量多少与企业生产经营过程的复杂程度密切相关。企业生产经营过程越复杂，其成本动因就越多。

（3）作业成本法。作业成本法指以作业为间接费用归集对象，通过资源动因的确认、计量，归集资源费用到作业上，再通过作业动因的确认、计量，归集作业成本到产品或顾客上去的间接费用分配方法。由于生产成本中直接材料成本和直接人工成本属于直接成本，因而，作业成本法对直接材料成本和直接人工成本的核算方法与传统的成本计算方法并无不同，其特点体现在制造费用的分配上。作业成本法可以克服单纯以直接人工成本等标准分配制造费用的局限性，缩小制造费用的分配范围，增加制造费用的分配标准，即按引起制造费用发生的成本动因进行分配，从而将间接费用和辅助成本更准确地分配到作业、生产过程、产品、服务及顾客。

2.作业成本法的应用

（1）确认主要作业，建立成本库。

（2）将所归集的可追溯投入成本或资源分配到每一个成本库。

（3）将各个成本库的成本分配到最终产品（服务或顾客）。

3.作业成本管理

（1）作业成本管理的含义及方法途径。所谓作业成本管理，是指企业以客户需要为出发点，以作业分析为核心，以不断降低成本、提高企业价值为目的，通过对作业链的不断改进和优化，从而获得竞争优势的一种先进的成本管理方式。

作业成本管理的方法途径包括改善作业链、优化作业、合理配置资源等。

（2）作业分析。所谓作业分析，是指以客户的需求为出发点，对作业形成的原因、作业的确认与计量以及作业成本形成的动因展开全面的分析，是消除非增值作业、提高作业有效性的前提。作业分析的具体内容包括资源动因分析、作业动因分析、作业链的连接关系分析和增值作业的确认四个方面。

二、学习难点

① 成本性态分析方法。

② 全部成本法和变动成本法的计算与比较。

③ 作业成本法的应用。

习 题

一、名词解释

1.成本性态　2.固定成本　3.变动成本　4.混合成本

5.成本性态分析　6.变动成本法　7.期间成本　8.全部成本法

9.作业成本法　10.作业成本管理　11.成本动因

二、填空题

1.成本性态是指成本总额与特定业务量之间在数量方面的依存关系，又称（　　）。

2.全部成本按其性态可分为固定成本、（　　）和（　　）三大类。其中，固定成本又可进一步细分为（　　）和（　　）两大类，前者又称（　　），后者也有人称为（　　）。

3.为简化分析，我们总是假定总成本可以近似地用方程 Y=a+bX 来描述，其中，a 代表（　　），b 代表（　　），X 代表（　　）。

4.将成本计算过程分为全部成本计算和变动成本计算的划分口径是（　　）。

5.变动成本法的理论依据是：（1）（　　）；（2）（　　）。

6.全部成本法和变动成本法的差异来自对（　　）的处理不同，它们共同的期间成本是（　　），共同的产品成本是（　　）。

三、单项选择题

1.当业务量变动时，单位固定成本将（　　）。

A.成正比例变动　B.成反比例变动

C.固定不变　D.降低

2.下列成本项目中不属于固定成本的是（　　）。

A.广告费　B.管理人员工资

C.计件工资形式下的生产工人工资　D.房屋租赁费

3.下列成本项目中不属于约束性固定成本的是（　　）。

A.折旧费　B.经营性租赁费

C.融资性租赁费　D.管理人员工资

4.企业质量检验员的工资属于（　　）。

A.半固定成本　B.半变动成本

C.延期变动成本　D.曲线式成本

5.企业的电话费及水、电、煤气等费用属于（　　）。

A.半固定成本　B.半变动成本

C.延期变动成本　D.曲线式成本

6.下列项目中属于延期变动成本的是（　　）。

A.化验员的工资　　B.电话费

C.浮动工资　　D.热处理费

7.狭义的相关范围是指（　　）。

A.期间范围　　B.业务量的变动范围

C.成本范围　　D.费用范围

8.成本性态分析和成本按性态分类的对象相同，都是企业的（　　）。

A.资金运动　　B.总成本

C.混合成本　　D.标准成本

9.同一时期内同一成本项目在不同企业之间具有不同的性态，这是因为相关范围的存在使得成本具有（　　）的特点。

A.暂时性　　B.相对性

C.可转化性　　D.变动性

10.某企业一年中产量最高月份的产量为50件，混合成本为800元，产量最低月份的产量为35件，混合成本为500元，则混合成本中的单位变动成本为（　　）。

A.50元　　B.35元

C.20元　　D.15元

11.变动成本法的产品成本是指（　　）。

A.固定生产成本　　B.变动生产成本

C.固定非生产成本　　D.变动非生产成本

12.全部成本法的期间成本是指（　　）。

A.直接材料费　　B.直接人工费

C.制造费用　　D.非生产成本

13.下列说法中不属于变动成本法的优点的是（　　）。

A.能够为预测前景、参与决策和规划未来服务

B.便于简化成本核算

C.能更好地满足对外提供报告的要求

D.有利于进行成本控制与业绩评价

14.应用变动成本法的前提条件是（　　）。

A.把全部成本划分为生产成本和非生产成本

B.把全部成本划分为固定成本和变动成本

C.把全部成本划分为固定成本、变动成本和混合成本

D.把全部成本划分为销货成本和存货成本

15.某产品本期按全部成本法计算的单位产品成本为14元，本期产量为500件，销售量为400件，固定生产成本为2 000元，则本期按变动成本法计算的单位产品成本为（　　）。

A.14元　　B.10元

C.9元　　D.18元

16.某产品本期按变动成本法计算的销货成本为50 000元，期初无存货，本期产销量相等，本期发生的固定生产成本为15 000元，非生产成本为13 000元，则按全部成本法计

算的销货成本为（　　）。

A.35 000元　　B.65 000元

C.78 000元　　D.37 000元

17.某产品期初存货为100件，本期产量为500件，销售量为500件。按全部成本法计算的期初存货单位产品成本为13元，本期生产产品单位成本为12.75元，则在先进先出法下，按全部成本法计算的销售成本为（　　）。

A.6 500元　　B.6 400元

C.6 000元　　D.5 300元

18.某产品年初存货为200件，本年产量为400件，销售量为500件。上年单位产品成本为10元，本年单位变动生产成本为8元（与上年相同），则按变动成本法计算的销货成本为（　　）。

A.5 000元　　B.4 000元

C.3 200元　　D.2 000元

19.具体应用时，变动成本法下利润表的中间指标是（　　）。

A.边际贡献　　B.营业边际贡献

C.营业毛利　　D.营业成本

20.变动成本法提供信息的主要用途是（　　）。

A.满足对外提供报表的需要

B.满足决策、强化企业内部管理的需要

C.使得营业净利润的计算更加科学

D.使得销货成本及存货成本的计算更为合理

21.分析两种成本法狭义利润差额产生的根本原因，必须从分析（　　）入手。

A.销售收入　　B.非生产成本

C.固定制造费用　　D.变动制造费用

22.两种成本法狭义利润差额产生的根本原因是（　　）。

A.期间成本不同

B.产品成本不同

C.对变动性制造费用的处理方式不同

D.计入当期利润表的固定性制造费用的水平不同

23.若全部成本法下期末存货吸收的固定生产成本大于期初存货释放的固定生产成本，则（　　）。

A.两种方法计算的利润差额小于零　　B.全部成本法计算的利润较多

C.变动成本法计算的利润较多　　D.两种方法计算的利润相同

24.当期末存货量为零，按变动成本法计算的本期营业净利润大于按全部成本法计算的营业净利润时，则期初存货量必须（　　）。

A.为零　　B.不为零

C.是本期产量的1/2　　D.是本期产量的2倍

25.本期产量为1 000件，销售量为800件，本期发生的固定生产成本为5 000元，单位变动生产成本为10元，则全部成本法下期末存货吸收的固定生产成本为（　　）。

A.20 000元　　B.4 000元
C.5 000元　　D.1 000元

26.期初存货量为300件，本期产量为200件，销售量为200件，上期单位产品成本为15元（其中，单位固定成本为4元），本期单位变动成本与上期相同，本期发生的固定生产成本为2 000元。存货的发出采用先进先出法，则全部成本法下期末存货吸收的固定生产成本为（　　）。

A.3 000元　　B.4 500元
C.1 200元　　D.2 400元

27.期初存货中的固定生产成本为5 000元，期末存货中的固定生产成本为7 000元，本期按变动成本法计算的利润为-1 200元，则按全部成本法计算的利润应为（　　）。

A.-3 200元　　B.3 200元
C.800元　　D.5 800元

28.在管理会计中，成本是指（　　）。

A.在一定条件下企业为生产一定产品所发生的各种耗费的货币表现
B.企业为了获取某项资产或达到一定目的而导致的以货币测定的价值牺牲
C.企业在生产经营过程中对象化的、以货币表现的、为达到一定目的而应当或可能发生的各种经济资源的价值牺牲或代价
D.历史成本

29.成本按（　　）分类，可分为生产成本与非生产成本两类。

A.可辨认性　　B.经济用途
C.可盘存性　　D.可控性

30.机器设备的维修费属于（　　）。

A.半固定成本　　B.半变动成本
C.延期变动成本　　D.曲线式成本

31.当业务量增加时，单位固定成本将（　　）。

A.随着业务量的变动而成正比例变动　　B.不随业务量的变动而变动
C.随着业务量的变动而成反比例变动　　D.上述选项都不对

32.财务会计按全部成本法进行成本核算的基础是成本按（　　）分类。

A.可辨认性　　B.经济用途
C.可盘存性　　D.核算目标

33.下列各项中不受管理当局短期决策行为影响的有（　　）。

A.广告费　　B.新产品开发费
C.经营性租赁费　　D.管理人员薪金

34.（　　）的成本函数可以直接写为Y=a+bX。

A.技术测定法　　B.直接分析法
C.历史资料分析法　　D.高低点法

35.狭义的成本计算是指成本会计中的（　　）。

A.成本计划　　B.成本核算
C.成本控制　　D.成本考核

36.其他条件不变，当某期销售量比上期增加时，该期按变动成本法确定的营业净利润比上期（　　）。

A.减少　　B.不变

C.可增可减　　D.增加

37.在变动成本法下，（　　）。

A.变动生产成本是产品成本，固定生产成本与非生产成本均是期间成本

B.固定生产成本和变动生产成本构成产品成本，而非生产成本被当作期间成本

C.固定生产成本是产品成本，变动生产成本与非生产成本构成期间成本

D.固定生产成本、变动生产成本与非生产成本都属于产品成本

38.在全部成本法下，（　　）。

A.变动生产成本构成产品成本，固定生产成本与非生产成本构成期间成本

B.固定生产成本与变动生产成本构成产品成本，非生产成本构成期间成本

C.固定生产成本构成产品成本，变动生产成本与非生产成本构成期间成本

D.固定生产成本、变动生产成本与非生产成本一起构成产品成本

39.在变动成本法下，固定生产成本作为期间成本（　　）转化为存货成本或销货成本。

A.可能　　B.不可能

C.一定能　　D.上述选择均不正确

40.变动成本法下本期销货成本的计算公式是（　　）。

A.单位完全生产成本×本期销量

B.单位变动生产成本×本期销量

C.期初存货+期末存货-本期发生的产品成本

D.本期发生的产品成本+期末存货成本

41.变动成本法使用贡献式利润表，这种利润表能够反映的中间指标是（　　）。

A.营业收入　　B.营业净利润

C.边际贡献　　D.营业毛利

42.按全部成本法确定的营业净利润（　　）按变动成本法确定的营业净利润。

A.总是大于　　B.总是小于

C.总是等于　　D.可能大于、小于，也可能等于

43.在变动成本法和全部成本法两种成本计算法下，（　　）导致分期营业净利润出现狭义差额。

A.销售收入

B.销售费用、管理费用和财务费用在记入利润表的位置和补偿途径方面的区别

C.变动生产成本

D.两种计算法下记入当期利润表的固定制造费用的水平不同

44.如果某期全部成本法下期末存货吸收的固定生产成本与期初存货释放的固定生产成本二者相等，则用两种成本法计算的当期营业净利润（　　）。

A.必然相等　　B.必然不等

C.可能相等　　D.在一般情况下相等，在某些情况下不等

45.在企业生产经营过程中，初始形态上的各种劳动耗费指的是（ ）。

A.资源　　B.作业

C.成本　　D.成本动因

46.按照作业成本法的相关理论，成本动因与成本的发生之间必然具有（ ）。

A.可靠性　　B.依赖性

C.及时性　　D.相关性

47.下列各项中，能够反映产品产量与作业成本之间因果关系的是（ ）。

A.资源动因　　B.作业动因

C.成本动因　　D.产品动因

48.作业成本法的间接费用归集对象是（ ）。

A.产品　　B.作业

C.成本中心　　D.作业中心

49.下列各项中，属于机器调整作业动因的是（ ）。

A.产品设计　　B.一般管理

C.生产批次　　D.检验次数

50.下列各项中，可以作为资源动因的是（ ）。

A.人工小时　　B.检验次数

C.生产批次　　D.设计时数

51.按照作业成本法的理论观点，产品消耗的是（ ）。

A.成本　　B.资源

C.费用　　D.作业

52.在作业成本法下，产品成本计算的基本程序可以表示为（ ）。

A.资源-作业-产品　　B.作业-部门-产品

C.资源-部门-产品　　D.资源-产品

53.作业成本法下，下列项目中一定属于直接成本的是（ ）。

A.直接材料　　B.间接人工

C.变动性制造费用　　D.固定性制造费用

54.下列各项中，属于作业成本法最终核算内容的是（ ）。

A.产品成本　　B.作业成本

C.资源成本　　D.责任成本

55.在完全成本法下，间接费用的分配标志是（ ）。

A.作业动因　　B.成本动因

C.业务量　　D.生产批次

56.在作业成本法下，人们将成本动因与成本之间的依存关系称为（ ）。

A.成本性态　　B.成本因素

C.成本功能　　D.作业动因

57.按作业成本法进行盈利能力分析时，成本核算范围得到拓展，新的内容是（ ）。

A.生产成本　　B.期间成本

C.固定制造费用 D.变动成本

四、多项选择题

1.固定成本的特点有（ ）。

A.总额的不变性 B.总额的变动性

C.单位固定成本的反比例变动性 D.单位固定成本的不变性

2.下列成本项目中属于固定成本的有（ ）。

A.办公费 B.计时工资形式下的生产工人工资

C.产量法下的折旧费 D.管理人员工资

3.下列成本项目中属于约束性固定成本的有（ ）。

A.按直线法计提的折旧费 B.融资性租赁费

C.管理人员工资 D.广告费

4.下列成本项目中属于酌量性固定成本的有（ ）。

A.职工培训费 B.管理人员工资

C.广告费 D.新产品开发费

5.下列成本项目中属于变动成本的有（ ）。

A.原材料费 B.外部加工费

C.动力费 D.计时工资形式下的生产工人工资

E.按使用年限法计提的折旧费

6.由明显的固定和变动两部分成本组成的混合成本包括（ ）。

A.半固定成本 B.半变动成本

C.延期变动成本 D.曲线式成本

7.相关范围的存在，使得固定成本和变动成本都具有（ ）的特点。

A.相对性 B.暂时性

C.可转化性 D.排斥性

8.成本性态分析与成本按性态分类的区别有（ ）。

A.性质不同 B.对象不同

C.目的不同 D.结果不同

9.历史资料分析法是在占有历史资料的基础上，运用数学方法对其进行数据处理，以完成成本性态分析任务的一种定量分析的方法，它又包括（ ）等几种具体应用形式。

A.技术测定法 B.直接分析法

C.高低点法 D.散布图法

E.直线回归法

10.广义的相关范围包括（ ）。

A.业务量范围 B.成本范围

C.费用范围 D.期间范围

11.变动成本法的优点包括（ ）。

A.能够促进企业重视市场，做到以销定产

B.便于简化成本核算

C.便于强化成本分析控制，促进成本降低

D.能适应长期决策的需要

E.便于开展本量利分析，进行科学的预测和短期经营决策

12.变动成本法和全部成本法下营业净利润的广义差额包括（ ）。

A.差额大于零　　B.差额小于零

C.差额等于零　　D.差额等于1

E.差额大于1

13.变动成本法和全部成本法下营业净利润的狭义差额是指（ ）。

A.差额大于零　　B.差额小于零

C.差额等于零　　D.无差额

14.判断按完全成本法计算的营业净利润大于按变动成本法计算的营业净利润的标志有（ ）。

A.期末存货中的固定生产成本大于期初存货中的固定生产成本

B.期末存货量不为零而期初存货量为零

C.期末存货量为零而期初存货量不为零

D.当前后期单位固定生产成本相等时，期末存货量大于期初存货量

E.期末存货量小于期初存货量

15.两种成本法计算的营业净利润相等的标志有（ ）。

A.期末存货与期初存货中的固定生产成本相等

B.期末存货量为零，期初存货量也为零

C.期末存货量等于期初存货量

D.在前后期单位固定生产成本不变时，期末存货量等于期初存货量

16.全部成本按其性态分类，可分为（ ）。

A.固定成本　　B.历史成本

C.变动成本　　D.未来成本

E.混合成本

17.约束性固定成本是指不受管理当局短期决策行为影响的那部分固定成本，它包括（ ）。

A.按直线法计提的折旧费　　B.职工培训费

C.新产品开发费　　D.管理人员薪金

E.经营性租赁费

18.全部成本法与变动成本法的明显区别主要有（ ）。

A.名称不同　　B.应用的前提条件不同

C.期间成本的构成内容不同　　D.损益确定程序不同

E.提供的信息用途不同

19.混合成本与业务量之间的关系比较复杂，其中几种混合成本中可以用直线方程Y=a+bX来描述的有（ ）。

A.半固定成本　　B.半变动成本

C.延期变动成本　　D.曲线式成本

20.进行成本性态分析时，需要满足的假定条件有（ ）。

A.假定时间和业务量因素总是在不改变成本性态的范围内变动

B.假定总成本只是一种业务量的函数

C.假定固定成本和变动成本总是处在相关范围之内

D.假定总成本可以近似地用线性方程 Y=a+bX 来描述

E.假定不存在混合成本，只存在固定成本与变动成本

21.全部成本法和变动成本法共同的成本有（　　）。

A.直接材料　　B.直接人工

C.销售费用　　D.管理费用

E.变动制造费用

22.全部成本法下的营业净利润与变动成本法下的营业净利润之间的关系为（　　）。

A.可能大于　　B.可能小于

C.可能等于　　D.无规律可循

E.有规律可循

23.变动成本法是按贡献式损益确定程序计量损益的一种成本计算模式，它基于的理由包括（　　）。

A.产品成本只包括变动生产成本

B.产品成本包括固定生产成本和变动生产成本

C.固定生产成本应当作为期间成本处理

D.变动生产成本应当作为期间成本处理

E.固定生产成本与变动生产成本均应作为期间成本处理

24.变动成本法是与全部成本法相对立的，这两种成本计算法在损益确定程序上不相同，而这又导致了（　　）。

A.营业净利润的计算公式不同

B.销货成本的计算公式不同

C.所编制的利润表格式及提供的中间指标有所不同

D.提供信息的用途不同

E.计算出来的营业净利润可能不同

25.全部成本法与变动成本法对（　　）费用的处理方法相同，只是在记入利润表的位置和补偿途径方面有形式上的区别。

A.销售　　B.管理

C.财务　　D.制造

26.变动成本法使用的贡献式利润表与全部成本法使用的传统式利润表包含的共同指标有（　　）。

A.营业收入　　B.变动成本

C.边际贡献　　D.营业毛利

E.营业利润

27.变动成本法与全部成本法都适用的公式有（　　）。

A.本期销货成本=单位产品成本×本期销售量

B.本期销货成本=期初存货成本+本期发生的产品成本−期末存货成本

C.边际贡献-固定成本=营业净利润

D.中间指标-期间成本=营业净利润

E.营业毛利-营业费用=营业净利润

28.按全部成本法确定的营业净利润指标有时难以被管理者理解，因而不便于正确决策的原因在于（　　）。

A.当某期销售量较上期增加时，营业净利润却比上期减少

B.当某期销售量比上期减少时，营业净利润却比上期增加

C.当某期销售量最高时，营业净利润却不是最高

D.当某期销售量最低时，营业净利润却不是最低

E.当前后期产量与销售量均不变时，营业净利润却发生变化

29.下列各项中并不导致变动成本法和完全成本法这两种成本计算法下分期营业净利润出现狭义差额的有（　　）。

A.销售费用在记入利润表的位置和补偿途径方面的不同

B.变动生产成本

C.对固定性制造费用处理方法的不同

D.销售收入

E.记入当期利润表的固定制造费用的水平不同

30.变动成本法和完全成本法这两种成本计算法下分期营业净利润广义差额的变动规律包括（　　）。

A.若全部成本法下期末存货吸收的固定生产成本等于期初存货释放的固定生产成本，则两种成本计算法确定的营业净利润相等

B.若全部成本法下期末存货吸收的固定生产成本大于期初存货释放的固定生产成本，则按全部成本法确定的营业净利润大于按变动成本法确定的营业净利润

C.若全部成本法下期末存货吸收的固定生产成本大于期初存货释放的固定生产成本，则按全部成本法确定的营业净利润小于按变动成本法确定的营业净利润

D.若全部成本法下期末存货吸收的固定生产成本小于期初存货释放的固定生产成本，则按全部成本法确定的营业净利润小于按变动成本法确定的营业净利润

E.若全部成本法下期末存货吸收的固定生产成本小于期初存货释放的固定生产成本，则按全部成本法确定的营业净利润大于按变动成本法确定的营业净利润

31.在单位产品价格及成本水平不变的条件下，下列说法中不正确的有（　　）。

A.销售量相同，则按变动成本法确定的各期营业净利润额相等

B.前后期产量不变时，按全部成本法确定的营业利润只与销售量有关

C.某期销售量比上期增加时，该期按变动成本法确定的营业净利润也比上期增加

D.前后期产量不一致时，即使销量相等，变动成本法与全部成本法确定的营业净利润仍存在狭义差额

E.某期销售量比上期减少时，该期按全部成本法确定的营业利润将比上期减少

32.作业成本法下的最终成本对象可以是（　　）。

A.产品　　B.顾客　　C.服务　　D.资源　　E.绩效

33.作业成本法的特点有（　　）。

A.对产品间接成本的分配更为合理
B.“作业”是作业成本法的基本成本对象
C.作业成本法是更广泛的变动成本法
D.所有成本均是变动的
E.成本既变动又在一定范围内固定
34.作业成本法的步骤包括（　　）。
A.确认主要作业
B.建立成本库
C.将所归集的可追溯投入成本或资源分配到每一个成本库
D.将各个成本库的成本分配到最终产品
E.将各个成本库的成本分配到最终服务、顾客
35.成本动因按其在作业成本中体现的分配性质不同进行分类，其结果包括（　　）。
A.资源动因
B.作业动因
C.产品动因
D.需求动因
E.价格动因
36.下列各项中，可以归属于作业动因的有（　　）。
A.机器小时
B.订单份数
C.检验件数
D.产品批次
E.人工工时
37.下列各项中，可以归属于某作业中心资源耗费的有（　　）。
A.直接材料
B.修理费
C.办公费
D.产品专属费用
E.间接人工
38.下列各项中，反映作业成本法和全部成本法共同之处的表述为（　　）。
A.都属于日常成本核算
B.都需要计算产品成本
C.都需要计算作业成本
D.都属于制度允许的成本核算方法
E.都属于外部核算方法
39.下列各项中，可作为作业成本法下盈利能力分析对象的有（　　）。
A.某一产品
B.某一生产线
C.某一品牌
D.某一订单
E.某一项目
40.下列各项中，属于实施作业成本法核算程序中相应环节的有（　　）。
A.划分作业并建立作业中心
B.区分直接成本和间接成本
C.计算作业成本分配率
D.确认并计量各作业中心的作业成本
E.计算产品成本

五、判断题

1.成本性态是指成本总额与特定业务量之间的依存关系。（　　）
2.固定成本是指在一定条件下，不随业务量发生任何数额变化的那部分成本。（　　）
3.固定成本总额和单位固定成本都不受业务量变动的影响而保持固定不变。（　　）
4.变动成本是指在一定条件下，其总额和单位变动成本随业务量成正比例变动的那部

分成本。（　　）

5.不论业务量如何变化，固定成本总额永远固定不变。（　　）

6.变动成本总额始终与业务量的变化成正比例变动。（　　）

7.生产工人的工资不论采取何种工资形式，都属于变动成本。（　　）

8.不论何种形式的租赁费都属于酌量性固定成本。（　　）

9.单步骤成本性态分析程序是将成本直接区分为固定成本、变动成本和混合成本三类。（　　）

10.成本按性态分类是成本性态分析的基础。（　　）

11.变动成本法是指只将变动生产成本作为产品成本的构成内容，而将固定生产成本及非生产成本作为期间成本的一种成本计算方法。（　　）

12.固定生产成本在相关范围内，它的发生与各期业务量的多少无关，它只是定期地创造了可供利用的生产能量，因而与期间的关系更为密切，应当作为期间成本处理。（　　）

13.在变动成本法模式下，产品成本只包括变动生产成本，固定生产成本和固定非生产成本作为期间成本处理。（　　）

14.变动成本法与全部成本法在编制利润表时所计算的期间成本是相同的。（　　）

15.只要有固定生产成本存在，按全部成本法计算的销货成本及存货成本就一定大于按变动成本法计算的销货成本及存货成本。（　　）

16.变动成本法提供的信息主要是为了满足对外提供报表的需要，而全部成本法提供的信息是为了满足面向未来决策、强化企业内部管理的需要。（　　）

17.营业净利润的变动趋势应该直接与销售量的变动趋势相联系，而这一规律只有在变动成本法下才能得到充分体现。（　　）

18.在全部成本法下，销售量和生产量对利润计算均有影响。而在变动成本法下，产量对利润计算无影响，只有销售量对利润计算有影响。（　　）

19.当期末存货量不为零，而期初存货量为零时，全部成本法确定的营业净利润小于变动成本法确定的营业净利润。（　　）

20.当期末存货量和期初存货量均为零时，两种成本法确定的营业净利润相等。（　　）

21.当期末存货量大于期初存货量时，全部成本法确定的营业净利润一定大于变动成本法确定的营业净利润。（　　）

22.在前后期单位固定生产成本不变时，如果本期销售量大于产量，则变动成本法计算的利润一定大于全部成本法计算的利润。（　　）

23.当期末存货量大于本期产量时，期末存货中的固定生产成本就应是期末存货量与本期单位固定生产成本的乘积。（　　）

24.现代管理会计中的成本概念与传统会计学中的不同，它是指对象化的、以货币表现的、为达到一定目的而应当或可能发生的各种经济资源的价值牺牲或代价。（　　）

25.成本按经济用途分类，可分为直接成本和间接成本两大类。（　　）

26.在生产成本中，直接材料费与直接人工费之和又称为主要成本。（　　）

27.成本按实际发生的时态分类，可分为历史成本和未来成本，对成本做出这种区分有助于进行事先决策、事中控制和事后考核。（　　）

28.固定成本是指在一定条件下，其总额不随业务量发生任何数额变化的那部分成本，它的特点是成本总额的不变性和单位固定成本的不变性。 ( )

29.约束性固定成本在短期内难以降低，只有通过提高产品的产量而相对地降低其单位成本。 ( )

30.固定成本包括约束性固定成本和酌量性固定成本两类，二者都不受管理当局短期决策行为的影响，因此在短期内都难以改变。 ( )

31.变动成本是指在一定条件下，其总额随业务量成正比例变动的成本，它具有的特点是总额的正比例变动性和单位成本的反比例变动性。 ( )

32.在计件工资制下，单件工资受管理当局的制约，因此工资成本是一种酌量性变动成本。 ( )

33.变动成本可进一步分为技术性变动成本和酌量性变动成本，二者都受企业管理部门短期决策的影响。 ( )

34.混合成本是指既随业务量变动而变动但又不成正比例变动的那部分成本，因此混合成本总可以归结为固定成本和变动成本两种。 ( )

35.混合成本按其变动趋势的不同，又可分为半固定成本、半变动成本、延期变动成本和曲线式成本四类，它们都可以用直线方程 Y=a+bX 来拟合。 ( )

36.变动成本只是在其相关范围内才能与业务量呈完全的线性关系，超出了相关范围，变动成本与业务量之间呈一种非线性关系。 ( )

37.固定成本和变动成本都存在其相关范围，因此成本性态具有相对性、暂时性和可转化性的特点。 ( )

38.成本性态分析与成本按性态分类不同，前者将全部成本区分为固定成本和变动成本两个部分。 ( )

39.成本与业务量之间的关系可近似地用一元线性方程 Y=a+bX 来描述，其中，a 是固定成本与混合成本中的固定部分之和，bX 是变动成本与混合成本中的变动部分之和。 ( )

40.直接分析法是在掌握有关项目成本性态的基础上，对每项成本的具体内容进行直接分析，使其分别归属于固定成本或变动成本的一种方法，它属于典型的单步骤分析程序。 ( )

41.散布图法是根据目测画一条直线，又称目测画线法，它的计算结果不如高低点法精确。 ( )

42.管理会计中使用的成本计算概念，不仅包括成本核算，而且包括成本计划、成本控制及成本考核。 ( )

43.全部成本法与变动成本法是按照归集分配费用的方式不同划分的。 ( )

44.在变动成本法下，产品成本只包括变动生产成本，固定生产成本被当作期间成本处理。 ( )

45.按照变动成本法的解释，固定制造费用与销售费用、管理费用和财务费用一样，其效益随时间的推移而逐渐丧失，不能递延到下期。 ( )

46.变动成本法建立在成本性态分析的基础上，它以相关范围假定为存在前提，因此，变动成本法所提供的资料不适用于长期决策。 ( )

47.变动成本法又称“直接成本法”，直接成本与变动成本之间，以及间接成本与固定成本之间是对等的概念。（　）

48.制造费用在两种成本计算法下都属于产品成本的内容。（　）

49.在变动成本法下，固定生产成本要在存货和销货之间进行分配，使一部分固定生产成本被期末存货吸收递延到下期，另一部分固定生产成本作为销货成本计入当期利润表。（　）

50.变动成本法与全部成本法下编制的利润表所提供的中间指标不同。变动成本法所提供的中间指标是“营业毛利”，全部成本法提供的中间指标是“边际贡献”。（　）

51.应用变动成本法时，为了确定营业净利润，可以不将销售费用、管理费用和财务费用分解为固定和变动两部分，只需将它们同固定制造费用合并处理即可。（　）

52.在前后期成本水平、价格和存货计价方法都不变的条件下，变动成本法与全部成本法求得的营业净利润必然是不一致的。（　）

53.变动成本法充分反映了营业净利润额直接与销售量挂钩、营业净利润额的变动趋势直接与销售量的变动趋势相联系这一规律。（　）

54.两种成本计算法下分期营业净利润出现狭义差额的根本原因是对固定制造费用的处理方法不同。（　）

55.若某期全部成本法下期末存货吸收的固定生产成本与期初存货释放的固定生产成本的水平相同，则变动成本法和全部成本法计算的当期营业净利润必然相等。（　）

56.当期末存货量为零，而期初存货量不为零时，全部成本法确定的营业净利润小于变动成本法确定的营业净利润。（　）

57.作业成本法是指以作业为中间桥梁，以作业动因作为间接费用的归集对象的一种成本核算方法。（　）

58.作业成本法最初建立在完全成本法的基础上，探求间接费用分配的精确性。（　）

59.作业动因应当反映公司管理与作业成本的因果关系。（　）

60.成本动因与成本的发生具有相关性，但成本动因本身不具有可计量性。（　）

61.机器调整和生产准备属于批别级作业。（　）

62.作业成本法下核算制造费用时，应首先将所有的制造费用区分为直接制造费用和间接制造费用。（　）

63.作业成本法下的产品成本计算结果较完全成本法下的计算结果相对精确。（　）

64.作业成本法不仅要计算作业成本，也要计算产品成本，不仅要考虑直接成本，也要考虑间接成本。（　）

65.作业中心归集的作业成本中包含了直接资源和间接资源。（　）

66.作业成本法的实施，常常取决于企业管理者的意向。（　）

67.作业成本法的理论依据是：产品消耗资源，产品消耗作业。（　）

68.作业成本法下的产品成本是所建立的各作业中心作业成本分配值的合计值。（　）

六、简答题

1.简述成本性态分类与成本性态分析的关系。

2.简述固定成本、变动成本的特点。

3. 简述变动成本法的优缺点。
4. 简述作业成本法的特点。
5. 简述成本动因的分类。
6. 简述作业动因分析的步骤。

七、计算分析题

1. 某企业的设备维修费属于混合成本，资料如下：

月　份	业务量（机器工作小时）	设备维修费（元）
1	9	300
2	8	250
3	9	290
4	10	310
5	12	340
6	14	400
7	11	320
8	11	330
9	13	350
10	8	260
11	6	200
12	7	220

要求：

（1）用高低点法分解设备维修费。

（2）用直线回归法分解设备维修费，假定下年1月份的机器工作小时为15小时，预测设备维修费将为多少？

2. 某企业2022年混合成本资料如下：

季　度	产量（件）	混合成本（元）
1	100	20 000
2	150	26 000
3	110	21 500
4	130	23 700

要求：

（1）用高低点法分解混合成本。

（2）假定下年计划产量为500件，预测下年的混合成本总额将为多少？

3.某企业2022年12个月中最高产量与最低产量的生产成本摘录如下：

项　目	最高点（10月）	最低点（3月）
产量（件）	76 000	51 000
生产总成本（元）	176 000	141 000

上面的生产总成本包括变动成本、固定成本和混合成本三类。该企业会计部门曾对最低点产量为51 000件的生产总成本进行分析，其各类成本的组成情况如下：

变动成本总额	51 000元
固定成本总额	60 000元
混合成本总额	30 000元
生产总成本	141 000元

要求：

（1）采用高低点法将该企业的混合成本分解为变动成本和固定成本，并写出混合成本公式。

（2）若该企业下年1月份的产量为60 000件，预测其生产总成本将会是多少？

4.某公司2022年产量最高的月份是5月，产量最低的是12月，这两个月的制造费用资料如下：

项　目	5月	12月
产量（件）	75	42
制造费用（元）	31 660	24 400

制造费用中包括变动成本、固定成本和混合成本，其中：

单位变动成本	200元
每月固定成本总额	15 000元

要求：

（1）采用高低点法将该公司制造费用中的混合成本进行分解，并写出混合成本公式。

（2）假定下年1月份计划产量为90件，则它的制造费用总额将为多少？

5.某公司本年只产销一种产品，资料如下：

生产量	4 000件
销售量	3 500件
期初存货量	0
单价	46元/件
直接材料费	20 000元
直接人工费	32 000元
制造费用：	
其中：变动制造费用总额	24 000元
固定制造费用总额	28 000元
非生产成本：	
其中：单位变动销售及管理费用	4元
固定销售及管理费用	21 000元

要求：

（1）分别采用全部成本法和变动成本法编制本年的利润表。

（2）根据两种方法计算营业净利润，说明两种方法狭义利润差额产生的原因。

利润表（全部成本法）

单位：元

营业收入	
营业成本	
期初存货成本	
加：本期生产成本	
减：期末存货成本	
营业成本合计	
营业毛利	
销售及管理费用	
营业利润	

利润表（变动成本法）

单位：元

营业收入	
营业变动成本	
边际贡献	
期间成本	
固定制造费用	
销售及管理费用	
期间成本合计	
营业利润	

6.某公司的利润表是采用全部成本法编制的，其最近3年的简明利润表如下：

利润表（全部成本法）

单位：元

项　目	2020年	2021年	2022年
营业收入	80 000	48 000	96 000
营业成本	50 000	30 000	60 000
营业毛利	30 000	18 000	36 000
销售及管理费用	15 000	15 000	15 000
营业利润	15 000	3 000	21 000

又假定该产品的单位变动生产成本为3元，其固定成本按每件2元分摊于产品，2020年期初无存货，产销情况如下：

项　　目	2020年	2021年	2022年
生产量（件）	10 000	10 000	10 000
销售量（件）	10 000	6 000	12 000

要求：

（1）用变动成本法编制这3年的利润表。

（2）用简算法验算两种方法所编制利润表的营业利润差额。

利润表（变动成本法）

单位：元

项　　目	2020年	2021年	2022年
营业收入			
营业变动成本			
边际贡献			
期间成本			
固定制造费用			
销售及管理费用			
期间成本合计			
营业利润			

7.假定某企业只产销一种产品，利润表有关资料如下：

利润表（全部成本法）

单位：元

营业收入	①
营业成本	
期初存货成本	0
加：本期生产成本	②
减：期末存货成本	10 000
营业成本合计	③
营业毛利	④
销售及管理费用	20 000
营业利润	10 000

利润表（变动成本法） 单位：元

营业收入	80 000
营业变动成本	⑤
边际贡献	⑥
期间成本	
固定制造费用	15 000
销售及管理费用	⑦
期间成本合计	⑧
营业利润	⑨

要求：

计算完成上述利润表。

8.某企业最近5年产销量、单价及成本资料如下：

项目	2018年	2019年	2020年	2021年	2022年
生产量（件）	800	800	700	300	500
销售量（件）	800	700	400	200	800

该产品单价50元，单位变动生产成本30元，每年固定生产成本4 000元，每年销售及管理费用（全部是固定费用）1 000元，存货计价采用先进先出法，2017年年末存货量为零。

要求：

（1）按变动成本法计算各年营业利润。

（2）计算各期期末存货量。

（3）计算全部成本法下各期期末存货中的固定生产成本。

（4）按简算法计算两种成本法（变动成本法与全部成本法）下的各期营业利润差额。

（5）利用利润差额计算各期全部成本法下的营业利润。

9.某公司2021年与2022年传统利润表的有关资料如下，假定期初、期末无存货，这两年的销售单价及成本水平均无变动。

利润表 单位：元

项目	2021年	2022年
营业收入	200 000	300 000
营业成本		
直接材料	40 000	?
直接人工	50 000	?
变动制造费用	20 000	?
固定制造费用	?	?

续表

项　　目	2021年	2022年
营业毛利	40 000	?
销售及管理费用		
变动部分	?	?
固定部分	14 000	?
营业利润	10 000	?

要求：根据上述已知的有关资料，结合成本性态，在问号处填入正确的数据。

10. 某公司按变动成本法核算的本年5月产品成本的资料如下（该公司采用先进先出法计价）：

单位产品成本	40元
本期固定制造费用	22 500元
期初存货数量	300件
本期完工产品数量	4 500件
本期销售产品数量	4 000件
销售单价	80元
固定销售及管理费用	30 000元

已知上期产品单位固定生产成本为5元。

要求：

（1）计算全部成本法下的期末存货成本。

（2）计算全部成本法下的本期营业利润。

11. 某公司某年度只产销一种产品，相关资料如下：

生产量	5 000件
销售量	4 000件
直接材料	20 000元
直接人工	15 000元
变动制造费用	20 000元
销售及管理费用（全部固定）	10 000元
变动成本率（$\frac{\text{单位变动成本}}{\text{销售单价}}\times 100\%$）	55%
固定制造费用	20 000元

假定该产品期初无存货。

要求：

（1）按全部成本法计算单位产品成本。

（2）按变动成本法计算单位产品成本。

（3）分别用两种方法（全部成本法与变动成本法）编制利润表。

（4）用简算法验算两种方法所编制利润表的营业利润差额。

12.已知某制造厂生产A、B两种产品，2022年1月份的有关成本资料见下表：

产品名称	产量	单位产品机器小时数	直接材料单位成本（元）	直接人工单位成本（元）
A	100件	2小时	50	40
B	200件	4小时	80	30

该厂每月制造费用总额为50 000元，有4个与制造费用相关的作业中心，各作业中心的成本及作业动因情况见下表：

作业名称	成本动因	作业成本（元）	作业动因数		合计
			A产品	B产品	
质量检验	检验次数	4 000	5次	15次	20次
订单处理	生产订单份数	4 000	30份	10份	40份
机器运行	机器小时数	40 000	200小时	800小时	1 000小时
设备调整准备	调整准备次数	2 000	6次	4次	10次

假定在全部成本法下，以机器小时作为制造费用的分配标准。

要求：分别按作业成本法和全部成本法计算该月A和B两种产品的单位成本。

13.某企业的甲部门生产A、B两种产品，每年能提供总工时50 000小时，其中，A产品耗用10 000小时，B产品耗用40 000小时。该车间2022年发生制造费用875 000元，A产品和B产品的单位材料成本分别为25元、15元，单位直接人工成本都是10元。应用作业成本法的相关资料见下表：

成本动因	追踪成本	成本动因数			分配率	A分配	B分配
		A耗用	B耗用	合计			
机器调整次数（次）	230 000	3 000	2 000	5 000	46	138 000	92 000
质量检验次数（次）	160 000	5 000	3 000	8 000	20	100 000	60 000
生产订单数（个）	81 000	200	400	600	135	27 000	54 000
直接工时（小时）	404 000	10 000	40 000	50 000	8.08	80 800	323 200
合计	875 000					345 800	529 200
生产量（个）						5 000	20 000
单位产品制造费用						69.16	26.46

A产品和B产品所需要的直接人工工时相等，都是2小时，但A产品的工艺比较复杂，设计中的机器调整、质量检验次数多，批量小，订单多。而B产品工艺比较简单，批量

大。目前，A产品的市场价格为120元，B产品的市场价格为65元。

要求：

（1）分别按传统成本计算方法和作业成本法计算A产品和B产品的单位产品成本。

（2）分别按传统成本计算方法和作业成本法计算A产品和B产品的利润。

14.某企业在同一生产车间生产A和B两种产品，这两种产品的生产加工工艺不同，A产品工艺比B产品复杂。A产品每月生产100件，B产品每月生产150件。相关资料见下表：

项目	A产品	B产品
产品产量（件）	100	150
直接材料（元）	10 000	12 000
直接人工（元）	2 000	3 000

为实施作业成本法，该企业依据生产流程建立了5个作业中心，归集的作业成本见下表：

作业中心	材料领用	包装	质量检验	设备维护	装卸搬运
作业成本（元）	15 000	8 000	10 000	12 000	5 000

5个作业中心的作业动因及发生的作业量见下表：

作业中心	作业动因	作业量		
		A产品	B产品	合计
材料领用	材料领用数量（件）	7	8	15
包装	包装批次（批）	3	5	8
质量检验	质量检验小时（小时）	10	15	25
设备维护	设备维护时数（小时）	4	8	12
装卸搬运	装卸搬运次数（次）	4	6	10

要求：

（1）计算制造费用。

（2）将资源计入作业中心时，有2 000元是因为A产品发生的特殊质量检验费，计算此时A产品和B产品的直接成本和间接成本。

第三章　成本-业务量-利润依存关系分析

学习目的和要求

为了能够在生产经营及重大投资问题上做出科学决策，取得好的经济效益，企业必须要进行本量利分析。本量利分析可以用于企业的预测、决策、利润规划和成本控制等方面。通过本章的学习，使学生掌握本量利分析中的基本原理及其应用，并熟练掌握相关指标计算的方法。学习本章，要重点掌握以下内容：

1.保本点分析、保利点分析。

2.各种本量利图的分析。

3.各因素变动对保本点影响的分析。

4.利润敏感指标的计算。

学习重点和难点

一、学习重点

（一）本量利分析概述

1.本量利分析的含义

本量利分析是成本、业务量、利润关系分析的简称。进一步说就是分析固定成本、变动成本、销售量、单价、销售额、利润等变量之间的内在规律性联系。

2.本量利分析的基本公式

利润=单价×销售量-单位变动成本×销售量-固定成本

P=px-bx-a

此公式非常重要，本章许多公式都是由此公式推导出来的。公式中有5个要素：单价（p）、销售量（x）、单位变动成本（b）、固定成本（a）、利润（P）。一般已知4个要素求另外1个要素。

3.边际贡献及其相关指标

边际贡献=销售收入-变动成本

单位边际贡献=单价-单位变动成本

$$\left.\begin{aligned}\text{边际贡献率}&=\frac{\text{边际贡献}}{\text{销售收入}}\times 100\%=\frac{\text{单位边际贡献}}{\text{单价}}\times 100\%\\ \text{变动成本率}&=\frac{\text{变动成本}}{\text{销售收入}}\times 100\%=\frac{\text{单位变动成本}}{\text{单价}}\times 100\%\end{aligned}\right\}\text{二者相加等于1，属于互补关系}$$

（二）保本分析

1.保本点的含义及表现形式

保本点是指能使企业达到保本状态的业务量。

单一品种的保本点有两种表现形式：保本销售量（实物量）和保本销售额（价值量）。

2. 单一品种保本点的计算公式

$$保本销售量=\frac{固定成本}{单价-单位变动成本}$$

$$保本销售额=\frac{固定成本}{边际贡献率}$$

3. 企业经营安全程度的评价指标

安全边际量（额）=现有或预计销售量（额）-保本销售量（额）

$$安全边际率=\frac{安全边际量(额)}{现有或预计销售量(额)}\times 100\%$$

$$保本作业率=\frac{保本销售量(额)}{现有或预计销售量(额)}\times 100\%$$

二者相加等于1，属于互补关系

（三）本量利的因素分析

这种分析实际上就是已知单价、销售量、单位变动成本、固定成本、利润等5个要素中的4个要素，求另外1个要素。

1. 实现目标利润业务量的计算

即已知单价、单位变动成本、固定成本和目标利润，求销售量及销售额为多少。

根据P=px-bx-a，则：

$$实现目标利润的销售量=\frac{固定成本+目标利润}{单价-单位变动成本}$$

$$实现目标利润的销售额=\frac{固定成本+目标利润}{边际贡献率}$$

目标利润一般是指缴纳所得税前的利润，而缴纳所得税后的目标利润称为目标净利润，二者的关系为：

$$目标利润=\frac{目标净利润}{1-所得税税率}$$

如果给出的是目标净利润，应按下式计算：

$$实现目标净利润的销售量=\frac{固定成本+\dfrac{目标净利润}{1-所得税税率}}{单价-单位变动成本}$$

$$实现目标净利润的销售额=\frac{固定成本+\dfrac{目标净利润}{1-所得税税率}}{边际贡献率}$$

根据以上公式可以看到：

影响保本点的因素有3个：固定成本、单价、单位变动成本。

影响实现目标利润业务量（保利点）的因素有4个：固定成本、单价、单位变动成本、目标利润。

影响实现目标净利润业务量的因素有5个：固定成本、单价、单位变动成本、目标利润、所得税税率。

2. 实现目标利润应达到的成本水平的计算

即已知单价、单位变动成本、固定成本、销售量、利润5个要素中的4个，求单位变动成本或固定成本为多少。

根据P=px-bx-a，则：

$$实现目标利润应达到的单位变动成本=单价-\frac{固定成本+目标利润}{销售量}$$

实现目标利润应达到的固定成本=单价×销售量-单位变动成本×销售量-目标利润

3.价格水平的计算

即已知单位变动成本、销售量、固定成本、利润，求单价为多少。

根据P=px-bx-a，则：

$$单价=单位变动成本+\frac{固定成本+目标利润}{销售量}$$

4.利润计算

即已知单价、单位变动成本、固定成本、销售量，测算能实现多少利润。

直接利用P=px-bx-a计算。

即：

利润=单价×销售量-单位变动成本×销售量-固定成本

还应该掌握：

销售利润率=边际贡献率×安全边际率

5.有关因素变动对相关指标的影响

项目	保本点	保利点	安全边际	利润
单价	反方向	反方向	同方向	同方向
单位变动成本	同方向	同方向	反方向	反方向
固定成本	同方向	同方向	反方向	反方向
销售量	不影响	不影响	同方向	同方向
利润	不影响	同方向	不影响	不影响

6.从本量利分析图看到的变化规律

（1）在保本点不变的情况下

销售超过保本点一个单位的业务量，获得一个单位边际贡献的盈利。销售低于保本点一个单位的业务量，亏损一个单位边际贡献的利润。

（2）在销售量不变的情况下

项目	盈利三角区面积	亏损三角区面积
保本点降低	扩大	缩小
保本点提高	缩小	扩大

（3）在保本点不变的条件下（销售量大于保本点）

销售量的变化只影响盈利区面积，不影响亏损区面积。

（四）利润敏感性分析

利润敏感性分析主要是研究有关因素发生多大变化会使盈利转为亏损，以及各因素变化对利润的影响程度。

1.有关因素发生多大变化，能使盈利转为亏损

① 单价的最小值，即利润为零时的单价。

② 单位变动成本的最大值，即利润为零时的单位变动成本。

③ 固定成本的最大值，即利润为零时的固定成本。

④ 销售量的最小值，即利润为零时的销售量，就是保本销售量。

2.各因素变化对利润的敏感程度

影响利润各因素的敏感程度从高到低排列：单价、单位变动成本、销售量、固定成本。

二、学习难点

① 保本分析。

② 利润敏感分析。

习　题

一、名词解释

1.保本点　2.边际贡献　3.安全边际　4.利润敏感性分析

二、填空题

1.超过保本点的安全边际所提供的边际贡献是（　　），因为保本点业务量所创造的边际贡献恰好够补偿（　　）。

2.销售利润率=边际贡献率×（　　）。

3.实现目标利润的销售量=（　　）÷单位边际贡献。

4.安全边际率在（　　）以上表示企业经营很安全，在（　　）以下则表示很危险。

三、单项选择题

1.管理会计中本量利分析的目标利润通常是指（　　）。

A.息税前利润　　B.营业净利润

C.利润总额　　D.净利润

2.某产品边际贡献率为40%，单位变动成本为36元，则该产品单价为（　　）。

A.50.4元　　B.90元

C.60元　　D.72元

3.某产品固定成本为20 000元，目标利润为−5 000元，则该产品边际贡献为（　　）。

A.25 000元　　B.15 000元

C.20 000元　　D.30 000元

4.某产品单价为20元，固定成本为40 000元，边际贡献率为40%，则保本量为（　　）。

A.100 000件　　B.2 000件

C.25 000件　　D.5 000件

5.某企业安全边际率为28%，则该企业经营安全程度为（　　）。

A.危险　　B.较安全

C.安全　　D.很安全

6.某企业保本作业率为60%，安全边际量为500件，则该企业实际销售量为（　　）。

A.800件　　B.833件

C.1 250件　　D.1 500件

7.当单价单独变动时，则（　　）。

A.会使保本点同方向变动　　B.会使安全边际同方向变动

C.会使利润反方向变动　　D.会使保利点同方向变动

8.当单位变动成本单独变动时，则（　　）。

A.会使保本点同方向变动　　B.会使安全边际同方向变动

C.会使利润同方向变动　　D.会使保利点反方向变动

9.当销售量单独变动时，则（　　）。

A.会使保本点同方向变动　　B.会使保利点同方向变动

C.会使安全边际同方向变动　　D.会使利润反方向变动

10.某产品单价为10元，边际贡献率为40%，固定成本为800元，目标利润为1 000元，则保利量为（　　）。

A.300件　　B.450件

C.200件　　D.133件

11.某产品变动成本率为70%，固定成本为4 000元，目标净利润为1 500元，所得税税率为25%，则实现目标净利润的销售额为（　　）。

A.8 571元　　B.17 800元

C.20 000元　　D.26 869元

12.某产品销售收入为800元，保本额为500元，变动成本率为65%，则该产品的利润为（　　）。

A.105元　　B.280元

C.175元　　D.195元

13.某产品边际贡献率为50%，保本作业率为70%，则销售利润率为（　　）。

A.35%　　B.140%

C.15%　　D.40%

14.某产品保本销售量为500件，实际销售量为510件，单价为12元，单位变动成本为9元，则该产品的利润为（　　）。

A.15 000元　　B.30元

C.120元　　D.90元

15.某产品保本销售量为1 000件，单位变动成本为6元，边际贡献率为40%，则销售1 200件的利润为（　　）。

A.1 200元　　B.4 800元

C.800元　　D.4 000元

16.本量利分析所建立和使用的有关数学模型和图形，要求（　　）。

A.成本线与收入线都是直线

B.成本线与收入线都是曲线

C.成本线是直线，而收入线可以是曲线

D.收入线是直线，而成本线可以是曲线

17.由有关公式可见，进行保本和保利分析时，凡计算有关销售量的指标时，均以（　　）为分母。

A.边际贡献率　　　　B.单位边际贡献

C.固定成本　　　　D.所得税税率

18.边际贡献率与变动成本率二者之间的关系是（　　）。

A.企业的变动成本率高，则边际贡献率也高

B.变动成本率高，则边际贡献率低

C.变动成本率与边际贡献率二者没有关系

D.变动成本率是边际贡献率的倒数

19.下列说法中正确的是（　　）。

A.安全边际量与安全边际率都是正指标，其值越大，说明企业经营的安全程度越高

B.安全边际率是保本作业率的倒数

C.安全边际率是越小越好，保本作业率是越大越好

D.安全边际率与保本作业率都是越大越好

20.若某企业在一定时期内的保本作业率为100%，则可以断定该企业处于（　　）状态。

A.盈利　　　　B.保本

C.亏损　　　　D.上述选项都不对

21.下列各项中，属于反映企业实现目标净利润销售量公式的是（　　）。

A.$\dfrac{\text{固定成本}+\text{目标利润}}{\text{单价}-\text{单位变动成本}}$　　　　B.$\dfrac{\text{固定成本}+\text{目标利润}}{\text{边际贡献率}}$

C.$\dfrac{\text{固定成本}+\dfrac{\text{目标净利润}}{1-\text{所得税税率}}}{\text{单位边际贡献}}$　　　　D.$\dfrac{\text{固定成本}+\dfrac{\text{目标净利润}}{1-\text{所得税税率}}}{\text{边际贡献率}}$

22.当单价上涨，而其他因素不变时，会引起（　　）。

A.保本点和保利点降低，安全边际降低，利润减少

B.保本点和保利点上升，安全边际上升，利润增加

C.保本点和保利点上升，安全边际降低，利润减少

D.保本点和保利点降低，安全边际上升，利润增加

23.当单位变动成本单独增加而其他因素均不变时，会引起（　　）。

A.保本点和保利点升高，安全边际下降，利润减少

B.保本点和保利点降低，安全边际上升，利润增加

C.保本点和保利点升高，安全边际上升，利润增加

D.保本点和保利点降低，安全边际下降，利润减少

24.企业经营安全程度的判别指标一般是指（　　）。

A.保本销售量　　　　B.保本销售额

C.安全边际　　　　D.安全边际率

四、多项选择题

1.下列各式中计算结果等于边际贡献率的有（　　）。

A. $\frac{边际贡献}{销售收入}\times 100\%$

B. $\frac{单位边际贡献}{单价}\times 100\%$

C. 1-变动成本率

D. $\frac{销售利润率}{安全边际率}\times 100\%$

E. 1-保本作业率

2. 判定企业处于保本状态的标志有（　　）。

A. 收支相等
B. 边际贡献等于固定成本
C. 安全边际量为零
D. 保本作业率为100%
E. 安全边际率为零

3. 影响保利点的因素包括（　　）。

A. 单价
B. 单位变动成本
C. 固定成本
D. 目标利润

4. 影响实现目标净利润业务量的因素包括（　　）。

A. 单价
B. 单位变动成本
C. 固定成本
D. 目标利润
E. 所得税税率

5. 下列各式中计算结果等于固定成本的有（　　）。

A. 边际贡献-利润
B. 销售额×边际贡献率-利润
C. 单位边际贡献×销售量-利润
D. 销售额×（1-变动成本率）-利润
E. 单位变动成本×销售量-利润

6. 下列条件中能使保本点提高的有（　　）。

A. 单价降低
B. 单位变动成本降低
C. 销售量提高
D. 固定成本提高
E. 目标利润提高

7. 下列条件中能使安全边际上升的有（　　）。

A. 单价提高
B. 单位变动成本提高
C. 销售量降低
D. 销售量提高
E. 单位变动成本降低

8. 下列说法中正确的有（　　）。

A. 安全边际与单价同方向变动
B. 安全边际与单位变动成本同方向变动
C. 安全边际与固定成本同方向变动
D. 安全边际与销售量同方向变动
E. 目标利润对安全边际没有影响

9. 在销售量不变的情况下，如果保本点提高，则（　　）。

A. 盈利区的三角形面积有所扩大
B. 盈利区的三角形面积有所缩小
C. 亏损区的三角形面积有所扩大
D. 亏损区的三角形面积有所缩小
E. 盈利区与亏损区的三角形面积都不变

10. 下列两个对应的指标中属于互补关系的有（　　）。

A. 安全边际率与保本作业率
B. 安全边际率与边际贡献率
C. 保本作业率与变动成本率
D. 边际贡献率与保本作业率

E.变动成本率与边际贡献率

11.边际贡献率的计算公式可表示为（　　）。

A.1-变动成本率　　B.边际贡献÷销售收入

C.固定成本÷保本销售额　　D.固定成本÷保本销售量

E.单位边际贡献÷单价

12.反映本量利关系的公式包括（　　）。

A.营业利润=销售收入-总成本

B.营业利润=销售收入-变动成本-固定成本

C.营业利润=单价×销售量-单位变动成本×销售量-固定成本

D.营业利润=（单价-单位变动成本）×销售量-固定成本

E.营业利润=边际贡献-固定成本

13.企业经营安全程度的评价指标包括（　　）。

A.保本销售量　　B.安全边际量

C.安全边际额　　D.安全边际率

E.保本作业率

14.若企业处于保本状态，则（　　）。

A.保本作业率为零　　B.保本作业率为100%

C.安全边际率为100%　　D.安全边际率为零

E.边际贡献等于固定成本

15.盈利条件下本量利分析的保利公式包括（　　）。

A.实现目标利润的销售量=$\frac{\text{固定成本}+\text{目标利润}}{\text{单价}-\text{单位变动成本}}$

B.实现目标利润的销售量=$\frac{\text{固定成本}+\text{目标利润}}{\text{单位边际贡献}}$

C.实现目标利润的销售额=$\frac{\text{固定成本}+\text{目标利润}}{\text{边际贡献率}}$

D.实现目标利润的销售量=$\frac{\text{固定成本}+\frac{\text{目标净利润}}{1-\text{所得税税率}}}{\text{单位边际贡献}}$

E.实现目标净利润的销售额=$\frac{\text{固定成本}+\frac{\text{目标净利润}}{1-\text{所得税税率}}}{\text{边际贡献率}}$

16.影响企业销售利润率的因素包括（　　）。

A.销售量　　B.固定成本

C.销售收入　　D.边际贡献率

E.安全边际率

17.引起保本点变动的因素有（　　）。

A.单价　　B.单位变动成本

C.固定成本　　D.目标利润

E.销售量

18.单一品种保本点的确定方法有（　　）。

A.图解法　　　　B.基本等式法

C.边际贡献率　　　　D.顺序法

E.直接法

19.下列各项中，导致利润减少的因素有（　　）。

A.单价降低　　　　B.单价上涨

C.单位变动成本增加　　　　D.固定成本减少

E.销售量减少

五、判断题

1.不论计算保本量还是计算保利量，均以单位边际贡献为分母。（　　）

2.不论计算保本额还是计算保利额，均以边际贡献率为分母。（　　）

3.目标利润的变动，只会影响保本点，不会影响保利点。（　　）

4.安全边际所提供的边际贡献额就是利润。（　　）

5.在边际贡献率一定的条件下，安全边际率越高，则销售利润率越低。（　　）

6.在其他条件不变时，单价降低将使保本点提高。（　　）

7.在其他条件不变时，销售量变动将使安全边际反方向变动。（　　）

8.在保本点不变的情况下，如产品销售超过保本点一个单位的业务量，即可获得一个单位边际贡献的盈利。（　　）

9.如果企业的销售量为零，则其亏损额就是固定成本。（　　）

10.企业各种产品所提供的边际贡献构成了企业的营业净利润。（　　）

11.边际贡献率与变动成本率二者之间存在着密切关系，边际贡献率越大，变动成本率也就越大。（　　）

12.安全边际率与保本作业率都是评价企业经营安全程度的指标，安全边际率与保本作业率越大，则企业经营安全程度越好。（　　）

13.企业处于保本状态时，边际贡献一定等于固定成本。（　　）

14.不论保本分析还是保利分析，计算销售量指标时，分母都是“单位边际贡献”；而计算销售额指标时，分母都是“边际贡献率”。（　　）

15.销售利润率只与边际贡献率有关，它不受安全边际率的影响。（　　）

16.目标利润单独变动时，只会影响保利点，却不改变保本点。（　　）

六、简答题

1.影响保本点的因素有哪些?

2.影响利润的因素有哪些?

3.实现目标利润的措施有哪些?

4.各有关因素单独变动对利润有何影响?

七、计算分析题

1.某企业只生产一种A产品，单价51元，2021年产销量为2 000件，成本资料如下：

成本项目	金额（元）
直接材料	20 000
直接人工	10 000
制造费用	30 000
其中：变动制造费用	8 000
固定制造费用	22 000
销售及管理费用（全部为固定费用）	26 000

要求：

（1）计算2021年的保本销售量和保本销售额。

（2）计算2021年的安全边际量和安全边际率，并判断该企业的经营安全程度。

（3）假定该企业2022年增加广告费12 800元，其销售量达到多少才能保本？

2.某公司只生产一种B产品，单价100元，单位变动成本60元，固定成本80 000元。

要求：

（1）如果要实现目标利润40 000元，其销售量应达到多少？

（2）如果要实现税后利润（目标净利润）37 500元，其销售额应达到多少（所得税税率为25%）？

3.某工厂只生产一种C产品，单价80元，单位变动成本50元，固定成本30 000元，2021年销售量1 500件。该企业计划2022年增加投资进行设备改造，当年增加固定成本10 000元，但可使单位变动成本降低20%，单价降低10%，并使销售量增长20%。

要求：计算该工厂2022年可实现的利润。

4.某企业只生产一种D产品，2021年产销量5 000件，销售单价25元，单位变动成本17元，固定成本20 000元。

要求：

（1）如果2022年目标利润比2021年增长20%，单位变动成本应降低的百分比是多少？

（2）如果单位变动成本不能降低，只有增加销售量这一途径，但单价必须降低到22元，销售量达到多少才能使利润增长20%？

5.某企业只生产一种E产品，单价30元，2021年实现销售收入120 000元，变动成本率为60%，实现利润28 000元，假定2022年销售单价不变，变动成本率仍然为60%。

要求：

（1）预测2022年的保本销售量。

（2）若2022年将销售量提高15%，则可获得多少利润？

6.某公司本年度发生变动成本20 000元，边际贡献率为60%，销售利润率为20%。

要求：

（1）计算本年度的利润。

（2）计算本年度的安全边际额。

（3）假定下年度各项条件不变，其销售额达到多少才能实现40 000元的目标利润？

7. 某公司在计划期生产并销售甲、乙、丙、丁四种产品，其固定成本总额为43 040元，其他资料如下：

项　　目	甲产品	乙产品	丙产品	丁产品
单价（元/台）	900	2 000	1 000	3 000
单位变动成本（元）	720	1 800	600	2 100
销售量（台）	40	80	20	60

要求：

（1）用加权平均法计算整个公司的综合边际贡献率。

（2）预测计划期该公司保本销售额及每种产品的保本销售额。

（3）该公司计划期能实现多少利润？

8. 某企业2022年预计销售产品300件，该产品的变动成本率为50%，安全边际率为30%，单位边际贡献为40元。

要求：

（1）预测该企业2022年的保本销售额。

（2）2022年该企业可以获得的税前利润是多少？

9. 以下分别是四个工厂在过去一年中的生产和销售情况，假定每个工厂产销平衡，同时都只产销一种产品。

工　厂	销量（件）	销售收入（元）	变动成本（元）	单位边际贡献（元）	固定成本（元）	利润（亏损）（元）
1		50 000		4	10 000	10 000
2	8 000		40 000	3		9 000
3	3 000	45 000			18 000	（3 000）
4	9 000	81 000	45 000		20 000	

要求：将有关数据填入表中空白处。

10. 以下分别是四个工厂在过去一年中的生产和销售情况，假定每个工厂产销平衡，同时只产销一种产品。

工　厂	销售收入（元）	变动成本（元）	边际贡献率（%）	固定成本（元）	利润（亏损）（元）
1	180 000		40		12 000
2	300 000	165 000		100 000	
3			30	80 000	（5 000）
4	400 000	260 000			30 000

要求：将有关数据填入表中空白处。

11.某企业生产和销售一种产品，单价为15元，单位变动成本为12元，全月固定成本为100 000元，每月销售40 000件。由于某些原因，该产品单价将降至13.5元，同时每月还需增加广告费等20 000元。

要求：

（1）计算该产品此时的保本点。

（2）该企业销售多少件产品才能使利润增加5%？

12.某厂生产和销售一种产品，有关资料如下：

单位售价	10元
单位变动成本	7元
其中：直接材料	3元
直接人工	2元
制造费用	2元
单位边际贡献	3元

要求：

（1）若每月销售额为40 000元时可以达到损益平衡，计算当月固定成本。

（2）若直接人工成本增加20%，仍维持目前的边际贡献率，则单价应提高多少？

13.某企业保本时的销售额为每月75 000元，当固定成本增加8 000元时，为了达到保本就要增加销售额10 000元，假设该企业仅生产和销售一种产品，且售价和变动成本均不变。

要求：

（1）计算变动成本占销售额的百分比。

（2）计算最初时的固定成本。

（3）计算固定成本及保本销售额增加的幅度。

14.某企业销售利润率为16%，安全边际率为80%，固定成本为10 000元。

要求：计算该企业的保本销售额。

15.某企业产品售价为8元/件，其成本y是销售额x的函数，即该企业总成本为$y=50\ 000+50\%x$。

要求：计算保本销售额和销售量。

16.假定某公司只生产销售一种产品，本年度的销售总收入为150 000元，税前净利为12 000元。公司准备在计划年度将销量减少10%，销量降低后，该公司税前净利将减少75%，如果计划年度产品的单价仍维持在40元，单位变动成本和固定成本总额也维持不变。

要求：计算计划年度的保本销售量。

17.某企业只生产一种产品，去年变动成本为84 000元，单价为10元，变动成本率为80%，获税前利润11 000元。假定今年只需追加2 000元广告费，其他条件均不变。

要求：

（1）计算去年和今年的固定成本。

（2）计算今年的保本销售量和销售额。

（3）今年实现20 000元目标利润的销售额为多少？

（4）若今年销售量只比去年增长20%，问可望实现多少利润？

18.某公司只生产一种产品，售价为每件8元，总成本y与销售额x有如下函数关系：y=180+50%x。

要求：

（1）计算单位变动成本、固定成本、保本销售量。

（2）计算销售100件时的安全边际指标。

（3）计算目标利润为800元时的销售量。

（4）如果单位变动成本提高1元，销售量为245件，售价应定为多少，才能保证实现目标利润200元？

（5）如果单位变动成本下降10%，每月固定成本上升114元，售价为6元/件，试计算保本销售量和取得目标利润126元的销售额。

19.某厂生产和销售一种产品，单价为10元，单位变动成本为6元，全月固定成本为3 000元，每月销售2 000件。为了增加利润，有两种方案可供选择。方案一：降低售价0.5元，销售量可望增长35%；方案二：不降低售价而增加广告费500元，销售量可增长20%。

要求：分析判断哪个方案较为有利。

20.某厂生产和销售一种产品，单价为20元，单位变动成本为15元，全月固定成本为102 000元，每月销售45 000件。由于某些原因其产品单价将降低至19元，同时每月还需增加广告费25 000元。

要求：

（1）计算该产品此时的保本点。

（2）该厂销售多少件产品才能使利润增长5%？

21.某企业保本额为每月80 000元，当固定成本增加6 000元时，为了达到损益平衡就要增加销售额15 000元。假设该企业仅生产和销售一种产品，且单价和变动成本均不变。

要求：

（1）计算变动成本率。

（2）计算最初时的固定成本。

（3）计算固定成本及保本销售额增加的幅度。

22.某企业生产某种产品，该产品有关数据如下：单价为30元，单位变动成本为22元，本期固定成本为10 000元。

要求：

（1）计算保本销售量。

（2）当产品的销售量为多少时，该产品的销售利润率可达25%？

（3）当产品的销售量为多少时，该产品可实现利润4 000元？

23.某企业某月份的利润表如下：

利润表 单位：元

销售收入	100 000
销售成本	120 000
变动成本	40 000
固定成本	80 000
利润	（20 000）

假设现有的变动成本在销售收入中所占比重保持不变。

要求：

（1）如果固定成本增加10 000元，保本销售额是多少？

（2）固定成本增加后，如果要实现利润6 000元，销售收入应为多少？

24.某企业生产和销售甲、乙两种产品，单价分别为2元和10元，边际贡献率分别是20%和10%，全年固定成本为45 000元。

要求：

（1）假设全年甲、乙两种产品预计分别销售50 000件和30 000件，试计算下列指标：①保本销售额。②甲、乙两种产品的保本销售量。③安全边际额。④预计利润。

（2）如果增加广告费5 000元可使甲产品销售量增至60 000件，而乙产品的销售量会减少至20 000件，试计算此时的保本销售额，并说明采取这一广告措施是否合算。

25.某企业生产和销售A、B两种产品，A产品的单价为20元，单位变动成本为14元，B产品的单价为15元，单位变动成本为12元，全年固定成本为600 000元。

要求：

（1）若A、B两种产品销售量分别为120 000件和60 000件，试计算：①保本销售额；②预计利润。

（2）若销售产品的品种结构变为1：2，而销售总额保持不变，试计算上面的各项指标。

第四章　预测分析

学习目的和要求

经营管理离不开决策，预测分析是决策的前提和基础。通过本章的学习，使学生了解预测分析的基本概念、预测分析的基本原理及预测方法，掌握销售量、利润、成本及资金需要量的预测方法。学习本章，要重点掌握以下内容：

1.销售量预测方法。

2.成本预测方法。

3.资金需要量预测方法。

学习重点和难点

一、学习重点

（一）预测分析概述

1.预测分析的意义

（1）预测分析是进行经营决策的主要依据。

（2）预测分析是编制全面预算的前提。

（3）预测分析是提高企业经济效益的手段。

2.预测分析的原理和原则

预测分析的基本原理是建立在任何经济过程发展总有一定的规律性，而且是可以被人们认识和掌握的基础之上的。它们实质上就成了预测分析的基本原则，即延续性原则、相关性原则、相似性原则、统计规律性原则。

3.预测分析的基本方法

（1）定量分析法，主要有趋势预测分析法和因果预测分析法。

（2）定性分析法，主要有会议调查法和函询调查法。

4.预测分析的基本内容

（1）销售预测分析。

（2）成本预测分析。

（3）资金需要量预测分析。

5.预测分析的一般程序

（1）确定预测目标。

（2）制订预测计划。

（3）收集、分析信息。

（4）选择预测方法。

（5）实际进行预测。

（6）分析预测误差、修正预测结果。

（7）输出预测结果。

（二）销售预测

1.趋势预测分析法

（1）算术平均法。

（2）移动加权平均法。

（3）指数平滑法。

2.因果预测分析法

因果预测分析法是根据预测对象与其他相关指标之间的相互依存、相互制约的规律性联系，建立相应的因果数学模型进行预测分析的方法。

3.判断分析法

（1）专家判断法。

（2）推销人员意见综合判断法。

（3）经理人员意见综合判断法。

4.调查分析法

通过调查产品所处的寿命周期阶段、消费者情况和市场竞争情况、国内外和本地区经济发展的趋势等过程来进行销售预测。

（三）成本预测

主要的成本预测方法有高低点法、回归分析法和加权平均法。其中，前两种方法已在第二章介绍过了，这里只介绍加权平均法。

加权平均法所给的资料是各期的单位变动成本 b 和固定成本 a，可以选用自然权数法或饱和权数法确定各期的权数；然后加权计算 b 和 a，得到 y=a+bx 的成本模型。在预测时，把资料中所给的业务量 x 代入 y=a+bx 公式中，求得的 y 即为预测的总成本。如果要求单位成本，则用$\frac{y}{x}$求得。公式为：

$$b=\frac{\sum bw}{\sum w}$$

$$a=\frac{\sum aw}{\sum w}$$

式中的 w 为权数。

（四）资金需要量预测

资金需要量预测的常用方法有销售百分比法和回归分析法。这里只介绍销售百分比法。

（1）分析基期资产负债表各个项目与销售收入总额之间的依存关系。

（2）将基期的资产负债表各项目用销售百分比的形式另行编表。

（3）按公式计算计划期预计需要追加的资金数额。

$$计划期预计需要追加的资金数额=\left(\frac{A}{S_0}-\frac{L}{S_0}\right)(S_1-S_0)-D_1-S_1R_0(1-d_1)+M_1$$

二、学习难点

① 成本预测。

② 资金需要量预测。

习 题

一、名词解释

1. 目标成本　2. 销售百分比法

二、填空题

1. 经营成败的关键是（　　），而该关键的基础就是（　　）。

2. 企业预测系统中，（　　）预测处于先导地位。

3. 平滑指数α的取值范围通常是（　　）。α取值越大，则近期实际数对预测结果的影响就越（　　）。

4. 预测分析的基本内容主要包括（　　）、（　　）和（　　）。

5. 销售预测的基本方法有（　　）、（　　）、（　　）和（　　）四类。

三、单项选择题

1. 下列方法中属于专家们在互不通气情况下反复几次预测的方法是（　　）。

A. 专家个人意见集合法　　B. 专家小组法

C. 德尔菲法　　D. 综合判断法

2. 运用销售百分比法预测资金需要量时，下列说法中不正确的是（　　）。

A. 货币资金、应收账款、存货等项目会随销售额的变动而变动，其变动额作为增加的资金需求量

B. 应付账款、其他应付款等项目会随销售额的变动而变动，其变动额作为增加的资金供给量

C. 预期的折旧额扣除用于更新改造的资金后可作为增加的资金供给量

D. 预期的净利润都作为增加的资金供给量

3. 德尔菲法是（　　）中的一种具体形式。

A. 推销员判断法　　B. 专家判断法

C. 综合判断法　　D. 因果预测分析法

4.（　　）一般适用于不具备完整可靠的历史资料、无法进行定量分析的企业。

A. 判断分析法　　B. 趋势预测分析法

C. 因果预测分析法　　D. 产品寿命周期法

四、多项选择题

1. 预测分析的方法一般分为两大类，这两大类是（　　）。

A. 定量分析法　　B. 因果预测分析法

C. 判断分析法　　D. 定性分析法

2. 下列关于定量分析法与定性分析法的论述中正确的有（　　）。

A. 定性分析法适用于缺乏完备的历史资料或有关变量间缺乏明显的数量关系等条件下的预测

B.定性分析法与定量分析法在实际应用中是相互排斥的

C.定性分析法与定量分析法在实际应用中是相互补充、相辅相成的

D.定性分析法与定量分析法是平行的两种预测分析方法，它们没有任何关系

3.判断分析法通常包括（　　）。

A.推销人员意见综合判断法　　B.经理人员意见综合判断法

C.专家判断法　　D.因果预测分析法

E.趋势外推分析法

4.在利用专家判断法进行销售预测时，应包括的专家有（　　）。

A.本企业经理或其他高级领导人员　　B.同行业其他企业的高级领导人员

C.销售部经理　　D.企业聘请的长期顾问

E.推销员和顾客

5.具体的成本预测方法包括（　　）。

A.历史资料分析法　　B.高低点法

C.加权平均法　　D.回归分析法

6.在资金需要量的预测中，根据公式 $\Delta F=\left(\frac{A}{S_0}-\frac{L}{S_0}\right)(S_1-S_0)-D_1-S_1R_0(1-d_1)+M_1$，计入A的项目有（　　）。

A.应付账款　　B.存货

C.周转中的货币资金　　D.正常的应收账款

E.长期负债

7.预测分析应遵循的基本原则有（　　）。

A.延续性原则　　B.相关性原则

C.相似性原则　　D.统计规律性原则

五、判断题

1.西方国家企业一般按目标利润预测目标成本，我国企业则常以先进的成本水平作为目标成本。（　　）

2.用加权平均法进行成本预测所依据的资料是业务量和总成本。（　　）

3.用销售百分比法进行资金预测时，在计算随销售额变动的资产项目基期金额中一定要包括固定资产项目。（　　）

4.计划期预计折旧和预计利润应全额作为追加资金需要量的减除项目。（　　）

5.经营成败的关键是决策，而决策的基础是科学预测。预测分析直接为决策服务，是决策的先导与前提。因此，预测可以代替决策。（　　）

6.企业的预测分析应在计划或预算制定之前进行才有意义。（　　）

7.预测分析一般可按以下步骤进行：（1）确定预测目标；（2）收集和整理资料；（3）选择预测方法；（4）分析判断；（5）检查验证；（6）修正预测值；（7）报告预测结论。（　　）

8.采用专家判断法进行销售预测所需的时间短、费用低，比较实用。（　　）

9.综合判断法是由企业召集有关经营管理人员，特别是那些最熟悉销售业务的销售主管人员，以及各经销商负责人集中开会，由他们在会上根据多年的实践经验和判断能力对

特定产品未来销售进行判断和预测的一种方法。 （ ）

10.从理论上看，移动加权平均法与加权平均法除了选用资料的时间长短不同外，没有本质的区别。 （ ）

11.进行近期预测或销量波动较大时的预测，应采用较小的平滑指数；进行长期预测或销量波动较小时的预测，可采用较大的平滑指数。 （ ）

12.目标成本的提出和测定应经过反复测算才能完成，一般可采用两种方法进行预测，即按目标利润进行预测和以先进的成本水平作为目标成本。 （ ）

六、简答题

1.预测分析的基本内容有哪些？

2.简述销售百分比法。

七、计算分析题

1.冰城家具厂通过调查发现，双人床的销售量与结婚人数有很大关系，已知本市近4年的资料如下：

年　份	结婚人数（万对）	双人床销售量（千件）
2018	8	50
2019	7	45
2020	10	60
2021	9	54

冰城家具厂在本市的市场占有率为20%，每年销往外地的双人床是800件。

要求：假定2022年预计结婚人数是11万对，用回归分析法预测2022年冰城家具厂双人床的销售量。

2.某公司2021年度的生产能力只利用了70%，实际销售收入850 000元，获得利润42 500元，并发放了17 000元股利。该公司2021年年末的简略资产负债表如下：

资产负债表

2021年12月31日　　单位：元

资　产		权　益	
1.货币资金	20 000	1.应付账款	100 000
2.应收账款	150 000	2.应付票据	80 000
3.存　货	200 000	3.非流动负债	200 000
4.固定资产（净额）	300 000	4.普通股股本	350 000
5.长期股权投资	40 000	5.留存收益	40 000
6.无形资产	60 000		
资产总计	770 000	权益总计	770 000

该公司预计2022年销售收入将增至1 000 000元，并仍按2021年度股利发放率支付股

利，提取折旧60 000元，其中80%用于更新改造原有的设备。2022年零星资金需要量为20 000元。

要求：按销售百分比法预测2022年需要追加的资金量。

3.某企业生产一种产品，最近半年的平均制造总成本资料如下：

月　份	固定成本a（元）	单位变动成本b（元）
1	24 000	25
2	26 000	26
3	27 500	24
4	28 000	24
5	27 000	21
6	26 000	19

要求：用自然权数加权平均法预测7月份当产量为20台时的制造总成本和单位成本。

4.某公司近5年来甲产品的产销量及成本水平列示如下：

摘　　要	2017年	2018年	2019年	2020年	2021年
产量x（台）	250	200	300	360	400
总成本y（元）	275 000	240 000	315 000	350 000	388 000
其中：固定成本总额（元）	86 000	88 000	90 000	89 000	92 000
单位变动成本（元）	756	760	750	725	740

若计划年度（2022年）的预计产量为450台。

要求：分别采用以下方法预测2022年甲产品的总成本和单位成本：

（1）高低点法。

（2）加权平均法（自然权数法）。

第五章　决策分析的相关指标

学习目的和要求

一项决策的失误，会给企业带来严重损失。因此，企业无论是短期经营决策还是长期投资决策都必须认真做好基础工作。通过本章的学习，使学生了解决策的有关成本概念，掌握决策分析要考虑的货币时间价值、现金流量等主要内容。学习本章，要重点掌握以下内容：

1.理解决策的相关成本和无关成本。

2.现金流量内容及计算。

3.货币时间价值的含义及计算。

学习重点和难点

一、学习重点

（一）决策分析所涉及的特殊成本概念

相关成本包括增量成本、边际成本、机会成本、重置成本、付现成本、专属成本、可延缓成本等。

无关成本包括沉没成本、共同成本、不可延缓成本等。

上述成本概念中比较重要的是边际成本、机会成本、重置成本、付现成本、专属成本和沉没成本。短期经营决策经常用到机会成本和专属成本两个概念。

（二）现金流量的计算

1.现金流量的含义

现金流量是指投资项目在其计算期内因资本循环而可能或应该发生的各项现金流入和流出的统称。

2.现金流量的内容

（1）现金流入的内容。

① 营业收入。

② 回收的固定资产残值。

③ 回收的流动资金。

（2）现金流出的内容。

①建设投资。

建设投资包括固定资产、无形资产和开办费等投资。

固定资产原值=固定资产投资+建设期资本化利息

②垫付的流动资金。

③付现的经营成本。

付现的经营成本是指总成本扣除年折旧额、无形资产摊销额等项目的差额。

④支付的各项税款。

支付的各项税款包括增值税、消费税和所得税等。

3.现金净流量的计算

（1）现金净流量是指在项目计算期内每年现金流入量与当年现金流出量差额的序列数。

某年现金净流量=该年现金流入量-该年现金流出量

建设期的现金净流量小于零或等于零，生产经营期现金净流量一般为正值。

（2）现金净流量的简化公式：

建设期某年的现金净流量=-该年发生的投资额

经营期某年的现金净流量=该年税后净利+该年折旧+该年摊销额+该年利息费用+该年回收额

实际计算时一般都采用此公式，通常情况下只有利润和折旧两个项目。

具体计算时应注意：

① 计算年折旧额所用的固定资产原值时，如在建设期发生了资本化利息，则应计算在原值之内。

② 年利润=年营业收入-（年经营成本+年折旧）。

③ 如果考虑所得税，计算年现金净流量时，应是税后利润加折旧等项目。

④ 残值收回一般在生产经营期最后一年，因此最后一年的现金净流量应单独计算。

（三）货币时间价值

1.货币时间价值的概念

货币时间价值是指作为资本使用的货币在其被运用的过程中随时间推移而带来的增值部分，其实质是剩余价值的转化形式。

2.货币时间价值的计算制度

（1）单利制即各期计算利息均以基期本金为基础的计算制度，不重复计算利息。

（2）复利制即各期计算利息均以上期本利和为基础的计算制度，即利滚利。

管理会计一般采用复利制。

3.复利终值与现值的计算

（1）复利终值的计算。

F=P·（F/P，i，n）

F为复利终值，P为复利现值，i为利率，n为期数，（F/P，i，n）为复利终值系数。

（2）复利现值的计算。

P=F·（P/F，i，n）

（P/F，i，n）为复利现值系数。

4.年金终值与现值的计算

年金是指在一定时期内每隔相同时间就发生相同数额的系列收付款项。

年金具备的条件：①等额性；②连续性；③发生时间的均匀性。

年金包括普通年金、先付年金、递延年金、永续年金等，其中，普通年金最为常用。

（1）普通年金终值的计算。

F_A=A·（F/A，i，n）

F_A为年金终值，A为年金，i为利率，n为期数，（F/A，i，n）为年金终值系数。

（2）年偿债基金的计算。

年偿债基金的计算是已知年金终值求年金，它是年金终值的逆运算。

$A=F_A\cdot(A/F, i, n)$

（A/F，i，n）为偿债基金系数，一般系数表不列此项，计算时可用年金终值系数的倒数求得。

（3）普通年金现值的计算。

$P_A=A\cdot(P/A, i, n)$

P_A为年金现值，A为年金，i为利率，n为期数，（P/A，i，n）为年金现值系数。

（4）年回收额的计算。

年回收额的计算是已知年金现值求年金，它是年金现值的逆运算。

$A=P_A\cdot(A/P, i, n)$

（A/P，i，n）为资本回收系数，一般系数表不列此项，计算时可用年金现值系数的倒数求得。

（5）其他种类年金的计算。

①先付年金终值与现值的计算。

计算先付年金终值时，用普通年金终值系数期数加1，系数减1。

计算先付年金现值时，用普通年金现值系数期数减1，系数加1。

②递延年金现值的计算。

具体来说，如果计算从第3期期末开始到第8期期末的这种年金的递延年金现值系数，应用8期普通年金现值系数减2期普通年金现值系数，或者用6期（8-2）的普通年金现值系数乘以2期的复利现值系数求得。

③永续年金现值的计算。

$P=A/i$

二、学习难点

① 现金流量的计算。

② 货币时间价值的计算。

习　题

一、名词解释

1.货币时间价值　2.现金流量　3.现金净流量　4.年金　5.机会成本　6.增量成本　7.边际成本　8.重置成本　9.付现成本　10.专属成本　11.可延缓成本　12.沉没成本　13.共同成本　14.不可延缓成本

二、填空题

1.经营期某年现金净流量等于（　　）。

2.现金流出的内容有（　　）、（　　）、（　　）和（　　）。

3.现金流入的内容有（　　）、（　　）和（　　）。

三、单项选择题

1.普通年金是在每期期末发生，又叫（　　）。

A.递延年金　　B.后付年金

C.永续年金　　D.先付年金

2.以下不属于现金流出内容的是（　　）。

A.原始总投资　　B.建设投资

C.垫支流动资金　　D.资本化利息

3.某企业希望在5年后拥有40 000元用于购买生产设备。假定目前银行存款利率为10%，则企业现在应存入约（　　）。

A.20 000元　　B.28 400元

C.24 840元　　D.24 480元

4.年度营业现金净流量可用（　　）来表示。

A.企业净利润与折旧之和　　B.企业年度税后净利润

C.销售收入-销售成本-期间费用　　D.销售收入-销售成本-税金

5.每年年末存款100元，求第n年年末的价值总额，应用（　　）来计算。

A.复利终值系数　　B.复利现值系数

C.年金终值系数　　D.年金现值系数

6.某人将1 000元存入银行，银行的年利率为10%，按复利计算，则4年后此人可从银行取出（　　）。

A.1 200元　　B.1 464元

C.1 350元　　D.1 400元

7.甲方案在3年中每年年初付款100元，乙方案在每年年末付款100元，若利率为10%，则二者在第3年年末的终值相差（　　）。

A.33.1元　　B.31.3元

C.133.1元　　D.13.31元

8.某人拟在5年后用20 000元购买一台电器，银行年利率为12%，此人现在应存入银行（　　）。

A.12 000元　　B.13 432元

C.15 000元　　D.11 348元

9.一面值100 000元、年利率12%、每年支付一次利息的5年期债券，其复利终值为（　　）。

A.160 000元　　B.120 000元

C.112 000元　　D.176 234元

10.某人每年年初存入银行1 000元，年利率为7%，则第4年年末可以得到本利和（　　）。

A.3 439.9元　　B.3 750.7元

C.4 280元　　D.4 750.7元

四、多项选择题

1.年金的范围很广，以下各项中属于年金的有（　　）。

A.所得税
B.按直线法计提的折旧费
C.等额分期收付款
D.定期发生的固定费用
E.经营成本

2.现金流入的内容有（　　）。

A.营业收入
B.回收的固定资产残值
C.营业净利
D.回收的流动资金
E.经营成本

3.当新建项目的建设期不为零时，建设期内各年的现金净流量可能（　　）。

A.小于零
B.等于零
C.大于零
D.大于1

4.在建设期不为零的完整工业投资项目中，分次投入的垫支流动资金的投资时间可以发生在（　　）。

A.建设起点
B.建设期末
C.经营期内
D.终结点

5.影响资金时间价值大小的因素主要包括（　　）。

A.单利
B.复利
C.资金额
D.利率和期限

6.要增加资金时间价值，可用（　　）来实现。

A.提高利息率
B.降低利息率
C.增加投资额
D.延长投资期限

7.年金是指一定时期内每次等额收付的系列款项，以年金形式出现的有（　　）。

A.按直线法计提的折旧
B.租金
C.奖金
D.保险费

8.下列各项表述中正确的有（　　）。

A.资金时间价值不是时间的产物，而是劳动的产物
B.资金时间价值与利率是一回事
C.资金时间价值通常按复利方式计算
D.资金时间价值通常按单利方式计算

五、判断题

1.从理论上讲，如果从国家投资主体出发，企业所得税不作为现金流出看待。（　　）

2.付现成本等于当年的总成本费用（不含期间费用）扣除该年折旧额、无形资产摊销额等项目后的差额。（　　）

3.凡不是从第1年开始的年金都是递延年金。（　　）

4.终值系数与现值系数互为倒数。（　　）

5.由于建设期资本化利息并未实际支付，所以它不属于建设投资的范畴，不能作为现金流出量的内容。（　　）

6.只有在经营期内才会发生净现金流量。（　　）

7.因为在投资项目的现金流量表上的现金净流量等于现金流入量减现金流出量，所以所有投资项目的现金净流量必须按照这个公式来计算。（　　）

8. 现金流量中的“现金”不仅包括各种货币资金，也包括项目所决定需要投入本企业的非货币资源的变现价值。（　）

9. 一定投资方案项目计算期内任何一年的现金净流量等于该年的利润、折旧、摊销额、借款利息和回收额之和。（　）

10. 在项目投资决策中，应当以现金流量作为评价项目经济效益的评价指标。（　）

11. 在全投资条件下，借款利息不属于投资项目的现金流出量，但归还借款的本金属于该项目的内容。（　）

12. 在考虑所得税因素时，计算经营现金净流量的利润是指净利润。（　）

13. 一般来说，货币时间价值是指没有通货膨胀条件下的投资报酬率。（　）

14. 先付年金与普通年金的区别仅在于计息时间的不同。（　）

15. 凡一定期间内每期都有等额收付款的现金流量，称为年金。（　）

16. 递延年金现值的大小与递延期无关，故计算方法和普通年金现值是一样的。（　）

17. 单利和复利是两种不同的计息方法，在现值和利息率相同时，按复利计算的终值不小于按单利计算的终值。（　）

18. 货币时间价值是指一定量的资金在不同时点上的价值差量。（　）

19. 某投资者每年年末存入银行1 000元，连续存了8年，则这种年金被称为先付年金。（　）

20. 货币时间价值，源于其在再生产过程中的运动和转化，是资金在周转使用中产生的。（　）

21. 在不考虑通货膨胀的条件下，投资报酬率就是时间价值与风险报酬率之和。（　）

22. 永续年金可以视为期限趋于无穷的普通年金。（　）

六、简答题

1. 年金的存在条件是什么？种类有哪些？

2. 现金净流量有哪些内容？

七、计算分析题

1. 某企业于2022年1月1日从银行取得贷款50万元，贷款年利率为9%，每年计一次复利，该贷款于满3年后一次还本付息。

要求：计算3年后应偿还的本利和。

2. 某企业准备在4年后投资280万元建一条生产线，现在提前存入银行一笔钱，4年后连本带利恰好取出280万元，银行年利率为12%，每年计一次复利。

要求：计算现在需一次存入银行的本金。

3. 某企业于2020年、2021年和2022年每年年初分别收到对外投资收益20万元、30万元和25万元，收到时立即存入银行，银行存款年利率为10%，每年计一次复利，该存款的本利和于2022年年末一次取出。

要求：计算2022年年末一次取出的本利和。

4. 某企业进行一项固定资产投资，一次投入800万元，建设期1年，该投资从银行贷款，建设期按10%年利率计算的贷款利息为80万元，生产经营期为8年，该固定资产按直线法计提折旧，期满有残值32万元，生产经营期每年可获得利润130万元，假定不考虑所得税因素。

要求：计算该投资项目计算期各年的现金净流量。

5.某企业建设一条生产线，一次投资80万元，建设期1年，建设期资本化利息为8万元，该生产线使用期为8年，按直线法计提折旧，期满有残值4万元，在生产经营期，该生产线每年可增加销售收入（含增值税3.9万元）33.9万元，每年增加现金支出成本13万元，该企业适用的所得税税率为15%。

要求：计算项目计算期各年的现金净流量。

6.已知某长期投资项目建设期现金净流量为：NCF_0=-500万元，NCF_1=-500万元，NCF_2=0；第3~12年的经营现金净流量$NCF_{3\sim12}$=200万元，第12年年末的回收额为100万元。

要求：计算终结点的现金净流量。

7.某企业在第1年年初向银行借入100万元，银行规定从第1年到第10年每年年末等额偿还13.8万元，当利率为6%时，年金现值系数为7.3601，当利率为8%时，年金现值系数为6.7101。

要求：计算这笔借款的利息率。

8.某公司向银行存入140 000元资金，以便在若干年后获得300 000元，假设银行存款年利率为8%，每年计一次复利。

要求：本利和达到300 000元需要存款多少年？

9.甲公司2020年年初对A设备投资100 000元，该项目2022年年初完工投产；2022年、2023年、2024年年末预期收益分别为20 000元、30 000元、50 000元；银行存款单利利率为12%。

要求：按单利计算2022年年初投资额的终值和2022年年初各年预期收益的现值之和。

10.某企业从2017年1月1日至2022年1月1日，每年年初存入银行100万元，若适用的银行存款年利率为10%。

要求：

（1）按复利计算到2022年1月1日，企业可从银行一次性取出多少钱？

（2）按复利计算到2022年12月31日，企业可从银行一次性取出多少钱？

11.丙公司2020年和2021年对C设备投资均为60 000元，该项目2022年年初完工投产；2022年、2023年、2024年年末预期收益均为50 000元；银行存款复利利率为8%。

要求：按年金计算2022年年初投资额的终值和2022年年初各年预期收益的现值。

12.某人现在存入银行一笔现金，计划8年后每年从银行提取现金6 000元，连续提取10年，在年利率为7%的情况下，现在应存入多少现金？

13.某人5年后需用现金40 000元，如果每年年末存款一次，在年利率为6%的情况下，此人每年年末应存入多少现金？

14.某人现在存入银行现金20 000元，在银行存款年利率为6%的情况下，今后10年内每年年末可提取多少现金？

15.某人拟于明年年初借款42 000元，从明年年末开始，每年年末还本付息额均为6 000元，连续10年还清。假设预期最低借款年利率为8%，此人是否能按其计划借到款项？

16.某公司于年初存入银行20万元，在年利率为12%、每月计一次复利的情况下，到第5年年末，该企业可以取得本利和多少元？

17.某公司拟购置一设备，目前有A、B两种设备可供选择。A设备的价格比B设备高50 000元，但每年可节约维修保养费等费用10 000元。假设A设备的经济寿命为6年，年利率为8%，该公司在A、B两种设备必须择一的情况下，应选择哪一种设备？

第六章　短期经营决策分析

学习目的和要求

决策是管理会计的重要内容，主要分短期经营决策和长期投资决策。通过本章的学习，使学生了解短期经营决策分析的概念和分类，掌握短期经营决策分析的常用方法，能正确进行生产决策分析、定价决策分析及存货决策分析。学习本章，要重点掌握以下内容：

1.边际贡献分析法的应用。

2.差别分析法的应用。

3.相关成本分析法的应用。

4.成本平衡点分析法的应用。

学习重点和难点

一、学习重点

1.决策分析的含义

所谓决策就是根据确定的目标，依据对过去、现状的分析，对未来实践做出决定的过程。管理会计的决策分析是决策全过程的一个组成部分，是企业会计人员参与决策活动的主要内容。

2.决策的分类

（1）按决策的重要程度分类，可将决策分为战略决策和战术决策。

（2）按决策条件的肯定程度分类，可将决策分为确定型决策、风险型决策和不确定型决策。

（3）按决策规划时期的长短分类，可将决策分为短期经营决策和长期投资决策。

（4）按决策方案之间的关系分类，可将决策分为接受或拒绝方案决策、互斥方案决策和组合方案决策。

3.短期经营决策分析的常用方法

短期经营决策是指企业对一年期以内的生产经营活动所进行的决策。常用的方法有：边际贡献分析法、差别分析法、相关成本分析法和成本平衡点分析法。

（1）边际贡献分析法。

在各方案固定成本相同的前提下，边际贡献最大的方案实质上就是利润最大的方案。在应用边际贡献法评价各方案优劣时，只需要计算各方案边际贡献指标，选择边际贡献总额最大的方案即可。

（2）差别分析法。

差别分析法是在计算两个备选方案之间产生的差别收入与差别成本的基础上，计算差别损益，根据差别损益来选择决策方案。

（3）相关成本分析法。

相关成本分析法是在各个备选方案收入相同的前提下，只分析每个备选方案新增加的变动成本和固定成本。在收入相同的前提下，相关成本最低的方案必然是利润最高的方案。所以，应选择相关成本最低的方案。

（4）成本平衡点分析法。

成本平衡点分析法也是以成本高低作为决策依据。在备选方案业务量不能事先确定的情况下，特别是在各备选方案的预期收入又相等的前提下，可通过计算不同方案总成本相等时的业务量，即成本平衡点，从而选择预期成本较低的方案。如果预计未来的业务量小于成本平衡点，应选择固定成本较低的方案；如果预计未来的业务量大于成本平衡点，则应选择固定成本较高的方案。

4.生产决策分析

生产决策分析的具体内容包括：

（1）新产品开发的品种决策分析；

（2）亏损产品的决策分析；

（3）特殊价格追加订货的决策分析；

（4）产品加工程度的决策分析；

（5）零部件自制或外购的决策分析；

（6）生产工艺技术方案的决策分析。

5.定价决策分析

（1）定价决策分析方法。

定价决策分析方法主要有：利润最大化定价法、全部成本加成定价法和变动成本加成定价法。

（2）调价决策分析方法。

调价决策分析一般采用利润平衡点法。这种方法实质上就是计算调价后的利润能否增加并以此来决定是否调价。如果调价后利润能够增加，就可以调价；反之，则不能调价。

6.存货决策分析

（1）储备存货的相关成本。

存货耗费的总成本主要包括取得成本、储存成本和缺货成本三部分。

（2）经济订货量的确定。

经济订货量的基本模型：

$$Q=\sqrt{\frac{2KD}{K_c}}$$

① 基本模型的确定。

② 相关指标的计算。

A.每年最佳订货次数。

B.经济订货量总成本。

C.最佳订货周期。

D.经济订货量占用资金。

二、学习难点

① 生产决策。

② 定价决策。

③ 存货决策。

习　题

一、名词解释

1.风险型决策　2.成本平衡点　3.利润平衡点销售量　4.经济订货量　5.再订货点

二、填空题

1.按决策的重要程度分类，可将决策分为（　　）和（　　）。

2.按决策条件的肯定程度分类，可将决策分为（　　）、（　　）和（　　）。

3.按决策方案之间的关系分类，可将决策分为（　　）、（　　）和（　　）。

4.在企业生产能力剩余且无法转移时，追加订货的最低极限价格就是（　　）。

5.在选择生产A产品或B产品的决策中相关资料如下：A产品与B产品定额工时之比大于A产品与B产品边际贡献之比。则在此条件下，应选择生产（　　）产品。

6.短期经营决策分析的常用方法有（　　）、（　　）、（　　）和（　　）。

7.定价决策分析的方法包括（　　）、（　　）和（　　）。

8.存货上所耗费的总成本，主要包括（　　）、（　　）和（　　）三部分。

三、单项选择题

1.下列各项中与再订货点无关的因素是（　　）。

A.经济订货量　　B.日耗用量

C.交货日期　　D.保险储备量

2.已知某种存货的全年需要量为36 000个单位，该种存货的再订货点为1 000个单位，则其交货间隔时间应为（　　）。

A.36天　　B.10天

C.18天　　D.12天

3.下列订货成本中属于变动性成本的是（　　）。

A.采购人员计时工资　　B.采购部门管理费用

C.预付订金的机会成本　　D.订货业务费

4.经济订货量是指（　　）。

A.订货成本最低的采购批量　　B.储存成本最低的采购批量

C.缺货成本最低的采购批量　　D.存货总成本最低的采购批量

5.某企业全年需要A材料3 600吨，单价100元/吨，目前每次的订货量和订货成本分别为600吨和400元，则该企业每年存货的订货成本为（　　）。

A.4 800元　　B.1 200元

C.3 600元　　D.2 400元

6.在新产品开发决策中，如果不追加专属成本且生产经营能力不确定时，决策应采用的指标是（　　）。

A.单位边际贡献　　B.单位资源边际贡献

C.边际贡献总额　　D.利润总额

7.在零部件自制或外购的决策中，当零部件需用量不确定时，应采用的方法是（　　）。

A.边际贡献分析法　　B.差别分析法

C.相关成本分析法　　D.成本平衡点分析法

8.下列情况中亏损产品应该停产的条件是（　　）。

A.亏损产品的边际贡献大于零

B.亏损产品的边际贡献小于零

C.亏损产品的销售收入大于变动成本

D.亏损产品的边际贡献为正数但小于固定成本

9.自制方案固定成本为1 500元，外购方案固定成本为800元，若K部件成本平衡点为2 000件，在采用自制方案时，则K部件需用量应为（　　）。

A.800件　　B.1 500件

C.1 800件　　D.2 500件

10.某零件外购单价为10元，自制单位变动成本为6元，自制增加专属成本为2 000元，则该零件的成本平衡点业务量为（　　）。

A.200件　　B.500件

C.400件　　D.800件

四、多项选择题

1.在存货陆续供应和使用的情况下，导致经济批量降低的因素有（　　）。

A.存货年需要量增加　　B.一次订货成本增加

C.每日耗用量增加　　D.每日耗用量降低

E.单位储存变动成本增加

2.引起缺货问题的原因主要有（　　）。

A.需求量的变化　　B.交货期日需求量增大

C.延迟交货　　D.存货过量使用

3.存货管理的经济订货量基本模型建立的假设条件有（　　）。

A.企业能及时补充所需存货

B.存货单价不考虑销售折扣

C.每批订货之间相互独立

D.存货的需求量稳定或虽有变化但可根据历史经验估计其概率

E.存货的单位储存变动成本不变

4.下列关于机会成本的说法中，正确的有（　　）。

A.如果接受订货，由于加工能力不足而挪用正常订货所放弃的有关收入称为接受订货方案的机会成本

B.如果不接受订货，由于加工能力不足所放弃的有关收入称为不接受订货方案的机会成本

C.不接受订货可将设备出租，接受订货就不能出租设备，则设备出租租金为接受订货方案的机会成本

D.接受订货需租入设备，则租入设备的租金为接受订货方案的机会成本

E.亏损产品如果停产，可以转产其他产品，转产可获得的边际贡献是继续生产亏损产品方案的机会成本

5.在进行亏损产品生产的决策中，下列说法中正确的有（　　）。

A.在剩余能力无法转移时，只要亏损产品的边际贡献为正数就应该继续生产

B.剩余能力能够转移时，只要亏损产品的边际贡献大于转产产品的边际贡献就应该转产

C.如果亏损产品停产后，生产亏损产品的设备可以出租，只要租金大于亏损产品的边际贡献，就应该把亏损产品停产而把设备出租

D.在具备增产亏损产品的能力，且能力无法转移又不增加专属成本的情况下，如果亏损产品的边际贡献为正数就应该增产

6.在进行是否接受特殊价格追加订货的决策时，下列说法中正确的有（　　）。

A.在简单条件下，只要特殊订货单价大于单位变动成本，就应该接受订货

B.在追加订货冲击正常产销量时，若接受追加订货增加的边际贡献大于由此减少的正常收入，则应该接受订货

C.当接受订货需要追加专属成本时，只要追加订货的边际贡献大于专属成本，就应该接受订货

D.如果不接受订货可将闲置设备出租，只要追加订货的边际贡献大于出租设备租金，就应该接受订货

五、判断题

1.在新产品开发的品种决策中，可用单位产品边际贡献的大小作为取舍的标准。（　　）

2.在新产品开发的品种决策中涉及专属成本时，可以分析剩余边际贡献进行决策。（　　）

3.在亏损产品生产能力无法转移时，只要亏损产品边际贡献大于零就不应停产。（　　）

4.在剩余生产能力可以转移时，如果亏损产品的边际贡献小于与生产能力转移有关的机会成本，就应当停产亏损产品而使生产能力转移。（　　）

5.当特殊订货不冲击正常生产任务时，如果不追加专属成本且剩余能力无法转移，只要特殊订货单价大于单位变动成本，就应该接受订货。（　　）

6.在产品加工程度的决策分析中，深加工前的变动成本和固定成本都属于沉没成本，是无关成本，相关成本只包括与深加工有关的成本。（　　）

7.订货提前期对存货每次的订货数量、订货次数、订货间隔时间并无影响。（　　）

8.产品的最高销售价格就是最优销售价格。（　　）

9.经济订货批量越大，进货周期越长。（　　）

10.利润平衡点销售量是指为确保某种产品原有盈利能力，在调价后应至少达到的销售量指标。（　　）

六、计算分析题

1.某企业有剩余生产能力5 000小时，可用来生产A产品或B产品，有关资料如下：

项　　目	A产品	B产品
单价（元）	40	20
单位变动成本（元）	25	10
单位产品定额台时（小时）	4	2

要求：分析应生产哪种产品。

2.某企业有一部分剩余生产能力，可用来生产甲产品、乙产品或丙产品，有关资料如下：

项　　目	甲产品	乙产品	丙产品
单价（元）	15	21	13
单位变动成本（元）	8	13	7
单位产品定额台时（小时）	4	5	3

要求：分析应生产哪种产品。

3.某企业目前生产能力的利用程度为90%，共生产甲、乙、丙三种产品，有关资料如下：

项　　目	甲产品	乙产品	丙产品
单价（元）	36	39.6	10.8
单位变动成本（元）	14.4	28.8	3.6
单位边际贡献（元）	21.6	10.8	7.2
单位固定成本（元）	10.8	3.6	1.8
单位产品利润（元）	10.8	7.2	5.4

该企业每件产品的固定成本是按生产产品所用的机器小时来分配的，每一机器小时分配1.8元。

要求：分析该企业为了充分利用剩余的10%生产能力，应生产哪种产品。

4.某企业有一条闲置的生产线，按最初的投资额计算每年的约束性固定成本为32 000元，现有甲、乙两种产品可供选择生产，有关资料如下：

项　　目	甲产品	乙产品
可生产量（件）	7 000	5 000
单价（元）	20	28
单位变动成本（元）	13	20
追加专属成本（元）	15 000	18 000

要求：分析应生产哪种产品。

5.某公司产销甲、乙、丙三种产品，其中，甲、乙两种产品盈利，丙产品亏损，有关资料如下（单位：元）：

项　　目	甲产品	乙产品	丙产品	合　　计
销售收入	7 500	9 000	4 500	21 000
生产成本				
直接材料	900	1 500	1 000	3 400
直接人工	750	900	900	2 550
变动制造费用	700	650	800	2 150
固定制造费用	1 100	1 700	1 200	4 000
非生产成本				
变动销售及管理费用	950	1 300	700	2 950
固定销售及管理费用	700	900	500	2 100
总成本	5 100	6 950	5 100	17 150
营业净利润	2 400	2 050	-600	3 850

要求：

（1）做出丙产品是否应停产的决策分析（假定丙产品停产后生产能力无法转移）。

（2）假定丙产品停产后，其生产设备可以出租给别的工厂，每年可获租金2 000元，问丙产品是否应停产？

6. 某企业原来制造甲产品，年设计生产能力10 000件，销售单价75元，其成本数据如下：

直接材料	24元
直接人工	18元
制造费用	24元
其中：变动制造费用	10元
固定制造费用	14元
单位成本合计	66元

该企业现在每年有35%的剩余生产能力未被利用。

要求：就以下各不相关情况做出是否应接受特殊价格追加订货的决策：

（1）现有一用户提出订货3 200件，每件定价55元，剩余生产能力无法转移，追加订货不需追加专属成本。

（2）现有一用户提出订货3 500件，每件定价56元，但该订货还有些特殊要求，需购置一台专用设备，增加固定成本2 000元。

（3）现有一用户提出订货4 200件，每件定价55元，剩余生产能力无法转移。

（4）现有一用户提出订货5 000件，每件定价70元，接受订货需追加专属成本4 000元，若不接受订货可将设备出租，可获得租金1 500元。

7. 某公司每年生产A半成品3 000件，单位变动成本5元，固定成本10 000元，销售单价9元。如果把A半成品进一步加工为B产品，销售单价可提高到15元，但需追加单位变动成本2元，增加固定成本11 000元；若不进一步加工，可用投资固定成本的资金购买高息债券，每年可获得债券利息3 000元。

要求：做出A半成品直接出售或深加工的决策分析。

8.某炼油厂从原油中提炼出的煤油，既可以直接出售，也可以进一步通过裂化加工为汽油和柴油后再行出售。煤油经过裂化加工可得80%汽油、15%柴油；自然损耗率为5%。每吨煤油进一步加工的变动成本为800元。该厂现有煤油500吨，进一步加工需增加固定成本12 000元。每吨煤油售价1 500元，每吨汽油售价2 800元，每吨柴油售价2 000元。

要求：做出煤油是直接出售还是进一步加工的决策分析。

9.某企业年需要A零件1 500件，可以自制也可以外购，外购单价22元，每件运费1元，外购的一次性差旅费1 800元，每年采购两次。自制的单位产品成本20元（其中包括分配原有固定成本2元），自制每月需要增加专属成本500元。如果外购，生产A零件的设备可以出租，每年可获租金3 500元。

要求：做出A零件是自制还是外购的决策分析。

10.依据第9题的资料，假设A零件的需要量不确定。

要求：分析A零件在何种情况下应自制，在何种情况下应外购。

11.某企业每年生产B产品700件，有甲、乙、丙三种设备可供选择使用，有关资料如下：

项　　目	甲设备	乙设备	丙设备
年专属固定成本（元）	30 000	25 000	40 000
单位变动成本（元）	150	170	145

要求：做出选择何种设备生产B产品的决策分析。

12.某企业有两套闲置设备，其中，甲设备每年原规定的折旧费为22 000元，乙设备每年原规定的折旧费为17 000元。现在准备生产C产品，用甲设备生产的一次性整修费为35 000元，用乙设备生产的一次性整修费为28 000元。用甲设备生产C产品的单位变动成本为52元，用乙设备生产C产品的单位变动成本为66元。

要求：分析该企业在何种情况下应选择甲设备生产，在何种情况下应选择乙设备生产。

13.某企业生产一种D产品，现在市场单位售价300元，可销售600件，D产品的单位变动成本为150元，每年固定成本为35 000元，该企业最大生产能力为700件。D产品的价格每变动1%可使销售量变动3%。当企业产量超过最大生产能力时，增加产量在100件以内将增加固定成本15%。

要求：利用利润平衡点法评价以下各不相关条件下的调价方案的可行性：

（1）单价降低3%。

（2）单价降低6%。

（3）单价提高10%。

14.某企业有关A材料的资料如下：

（1）A材料需用量6 000件，每日送货量为40件，每日耗用量为10件，单价为20元。一次订货成本为30元，单位储存变动成本为2元。

要求：计算经济订货量和在此批量下的总成本。

（2）假定A材料单位缺货成本为5元，每日耗用量、订货批数及全年需要量同上，交货天数的概率分布如下：

交货天数	13	14	15	16	17
概　率	10%	15%	50%	15%	10%

要求：计算该企业最合理的保险储备量。

15.已知ABC公司与库存有关的信息如下：

（1）年需求数量为30 000单位（假设每年360天）；

（2）购买价为每单位100元；

（3）储存成本是商品买价的30%；

（4）订货成本为每次60元；

（5）公司希望的安全储备量为750单位；

（6）订货数量只能按100的倍数（四舍五入）确定；

（7）订货至到货的时间为15天。

要求：

（1）计算经济订货量。

（2）存货水平为多少时应补充订货？

（3）存货平均占用多少资金？

第七章　长期投资决策分析

学习目的和要求

长期投资规模大，回收时间长，其决策正确与否对企业的生存发展尤为重要。通过本章的学习，使学生掌握长期投资决策分析的净现值法、获利能力指数法、内含报酬率法及固定资产更新的决策，熟悉贴现的和非贴现的回收期法，了解年平均投资报酬率法。学习本章，要重点掌握以下内容：

1.净现值法。

2.内含报酬率法。

3.固定资产更新决策。

学习重点和难点

一、学习重点

1.非贴现的长期投资决策分析方法

（1）年平均投资报酬率法。

年平均投资报酬率是指平均每年的现金净流量或净利润与原始投资额的比率。年平均投资报酬率是正指标，这个指标越高，说明投资方案的获利能力越强。

年平均投资报酬率有两种公式：

$$年平均投资报酬率=\frac{年均现金净流量}{投资额}\times 100\%$$

$$年平均投资报酬率=\frac{年均净利润}{投资额}\times 100\%$$

从上面的公式可以看出，公式中的分子可以用净利润指标，也可以用现金净流量指标。用净利润指标作为分子，是只把净利润作为投资的报酬，这符合传统会计观念。用现金净流量作为分子，是把利润、折旧等均作为投资的报酬，因为折旧是固定资产投资的回收额，也可看作是投资的报酬。分母中的投资额包括固定资产投资、流动资金投资及资本化利息。

在采用年平均投资报酬率法进行决策分析时，首先要确定企业所希望达到的期望投资报酬率，然后计算投资方案的年平均投资报酬率。如果投资方案的投资报酬率达到或超过期望投资报酬率，则该方案可行；反之，则不可行。在进行多方案决策时，如果有两个或两个以上方案的投资报酬率超过了期望投资报酬率，则应选择投资报酬率最高的方案。

（2）非贴现的回收期法。

回收期是指收回原始投资所需要的时间，也就是用每年现金净流量抵偿原始投资所需要的全部时间。非贴现的回收期就是不考虑货币时间价值的回收期。

若投资方案回收期小于期望回收期，则投资方案可行；若投资方案回收期大于期望回收期，则投资方案不可行。

非贴现的回收期法的优点有：①方法简便，易于广泛采用；②可在一定程度上反映备选方案的风险程度。其缺点有：①没有考虑货币时间价值因素；②没有考虑回收期满后继续发生的现金净流量的变化情况，忽视了投资方案的获利能力。

2.贴现的长期投资决策分析方法

（1）净现值法。

净现值是指投资方案生产经营期各年现金净流量的现值合计与投资额的现值合计之间的差额。

当净现值≥0时，投资方案可行；否则，投资方案不可行。

净现值法的优点有：①充分考虑了货币时间价值，使不同时间发生的现金流量的差异得以体现；②项目计算期内的全部现金净流量都列入了计算范畴。

净现值法的缺点有：此方法只能应用于单一方案决策或各备选方案投资额相等情况下的决策。

（2）获利能力指数法。

获利能力指数是指投资方案生产经营期各年现金净流量的现值与投资额的现值之比。

获利能力指数大于1，投资方案可行；否则，投资方案不可行。

获利能力指数是反映投资方案投资效果的相对指标，它可以应用于投资额不相等的各备选方案的决策分析。

（3）内含报酬率法。

内含报酬率是指投资方案实际可达到的报酬率，也就是使投资方案的净现值等于零时的折现率。

内含报酬率的计算方法有两种：一种是根据计算的年金现值系数求得内含报酬率；另一种是采用逐次测试的方法计算内含报酬率。

内含报酬率大于设定的折现率时，投资方案可行；否则，投资方案不可行。

3.固定资产更新的决策

一般来说，固定资产更新不改变企业的生产能力，不增加企业的收入。因此，对于固定资产更新决策，普遍的分析方法是比较继续使用和更新的年成本，以其较低者作为较优方案。

固定资产的平均年成本是与该资产相关的现金流出量的年平均值，分考虑时间价值和不考虑时间价值两种。

二、学习难点

① 净现值法。

② 内含报酬率法。

习 题

一、名词解释

1.年平均投资报酬率　2.回收期　3.净现值　4.获利能力指数　5.内含报酬率　6.固定资产的平均年成本

二、单项选择题

1.某投资项目建设投资70万元，流动资金投资23万元，建设期资本化利息7万元，经营期每年利润额14万元，则该项目年平均投资报酬率为（　　）。

A.20%　　B.14%

C.18%　　D.25%

2.某投资项目原始投资100万元，建设期1年，经营期10年，期满有残值10万元，经营期每年可获营业净利润16万元，则该项目含建设期的投资回收期为（　　）。

A.4年　　B.5年

C.6年　　D.7年

3.某投资项目的净现值为10万元，原投资额现值为100万元，则其获利能力指数为（　　）。

A.10%　　B.1.1

C.100%　　D.0.1

4.某投资项目的原始投资额为220万元，经营期为10年，每年净现金流量为40万元（10年、12%的年金现值系数为5.7，10年、14%的年金现值系数为5.2），则该投资项目的内含报酬率为（　　）。

A.12%　　B.14%

C.12.8%　　D.13.2%

5.某投资项目按折现率18%计算的净现值为3万元，按折现率16%计算的净现值为-7万元，则其内含报酬率为（　　）。

A.18.6%　　B.17.4%

C.16.6%　　D.14.6%

6.如果考虑货币的时间价值，固定资产平均年成本是未来使用年限内的现金流出总现值与（　　）的乘积。

A.年金终值系数　　B.年金现值系数

C.投资回收系数　　D.偿债基金系数

7.下列各项中属于非贴现的长期投资决策分析方法的是（　　）。

A.获利能力指数法　　B.年平均投资报酬率法

C.净现值法　　D.内含报酬率法

8.当某方案的净现值大于零时，其内含报酬率（　　）。

A.可能小于零　　B.一定等于零

C.一定大于资金成本　　D.可能等于资金成本

9.已知某投资项目的项目计算期是10年，资金于建设起点一次投入，当年完工并投产。预计该项目包括建设期的非贴现投资回收期是4年，则按内含报酬率确定的年金现值系数是（　　）。

A.10　　B.6

C.4　　D.2.5

10.在一般投资项目中，当一项投资方案的净现值等于零时，即表明（　　）。

A.该方案的获利能力指数等于1　　B.该方案不具备财务可行性

C.该方案的获利能力指数小于零　　D.该方案的内含报酬率小于资金成本

11.在进行原始投资额不同的多个互斥方案的比较决策时，应当使用的方法是（　　）。

A.净现值法　　B.年平均投资报酬率法

C.获利能力指数法　　D.投资回收期法

12.如果其他因素不变，一旦折现率提高，则下列指标中其数值将会变小的是（　　）。

A.净现值　　B.年平均投资报酬率

C.内含报酬率　　D.投资回收期

13.某项目原始投资额为12 000元，当年完工投产，预计使用年限为3年，每年可获得现金净流量4 600元，则该项目的内含报酬率为（　　）。

A.7.32%　　B.7.68%

C.8.32%　　D.6.68%

14.某公司拟投资10万元建一项目，预计该项目当年投资并于当年完工，预计投产后每年可获得净利1.5万元，年折旧率为10%，则该项目回收期为（　　）。

A.3年　　B.5年

C.4年　　D.6年

三、多项选择题

1.贴现的长期投资决策分析方法包括（　　）。

A.原始投资回收率法　　B.净现值法

C.投资回收期法　　D.获利能力指数法

E.内含报酬率法

2.当内含报酬率大于资金成本时，则（　　）。

A.净现值>0　　B.净现值<0

C.获利能力指数>1　　D.获利能力指数<0

3.某一投资方案具备财务可行性的标志有（　　）。

A.净现值≥0　　B.获利能力指数≥1

C.内含报酬率≥资金成本　　D.投资回收期≤期望回收期

4.下列几个因素中影响内含报酬率的有（　　）。

A.银行存款利率　　B.银行贷款利率

C.投资项目有效年限　　D.原始投资额

5.有甲、乙两台设备可供选用，甲设备年使用费比乙设备低2 000元，但价格比乙设备高6 000元，若资本成本率为12%，则使用期为（　　）选用甲设备是有利的。

A.3年　　B.4年

C.5年　　D.6年

6.内含报酬率是指（　　）。

A.投资报酬与总投资的比率

B.能使未来现金流入量现值与未来现金流出量现值相等的贴现率

C.投资报酬现值与总投资现值的比率

D.使投资方案净现值为零的贴现率

7.采用固定资产平均年成本法进行设备更新决策，主要是因为（　　）。

A.使用新旧设备给企业带来的年收入不同
B.使用新旧设备给企业带来的年成本不同
C.新旧设备使用年限不同
D.使用新旧设备给企业带来的年收入相同
8.下列表述中正确的有（　　）。
A.净现值是未来报酬的总现值与原始投资额现值之差
B.当净现值等于0时，说明此时的贴现率为内含报酬率
C.当净现值大于0时，获利能力指数小于1
D.当净现值大于0时，说明该投资方案可行

四、判断题

1.不考虑货币时间价值因素的长期投资决策分析法，称为贴现的决策分析方法。（　　）

2.净现值法、投资回收期法均为贴现的决策分析方法。（　　）

3.非贴现的回收期和年平均投资报酬率的计算公式中均以利润额作为分子。（　　）

4.内含报酬率是指项目投资实际可达到的报酬率，也就是能使投资项目的净现值等于零时的折现率。（　　）

5.净现值是指在长期投资项目的项目计算期内，按资金成本计算的各年净现金流量现值的代数和。（　　）

6.净现值指标的缺点是不能用于投资水平不同的多个方案间的比较。（　　）

7.在考虑所得税的影响时，项目采用加速折旧法计提折旧，计算出来的方案净现值比采用直线折旧法大。（　　）

8.如果把原始投资额看成是按预定贴现率借入的，那么在净现值法下，净现值为正数说明还本付息后该项目仍有剩余收益。（　　）

9.如果考虑时间价值，固定资产平均年成本是未来使用年限内现金流出的总现值与使用年限的比值。（　　）

10.非贴现的投资回收期指标虽然没有考虑资金时间价值，但考虑了回收期满后的现金流量状况。（　　）

11.用平均年成本法进行固定资产更新时，残值收入作为现金流入来考虑。（　　）

五、计算分析题

1.某企业进行一项固定资产投资，在建设起点一次投入100万元，无建设期。该固定资产可使用10年，期满无残值，生产经营期每年获得税后利润15万元，假定折现率为10%。

要求：分别采用非贴现的投资回收期、净现值、获利能力指数、内含报酬率指标评价该方案是否可行。

2.某企业投资一项固定资产，投资均于年初投入，生产经营期每年现金净流量均于年末收到。假设折现率为10%，项目计算期各年的现金净流量如下：

期　间	建设期		生产经营期				
年数	1	2	3	4	5	6	7
现金净流量（万元）	-30	-20	21	21	21	21	21

要求：采用净现值法、非贴现的回收期法评价该方案是否可行。

3.某企业进行一项固定资产投资，有两个投资方案可供选择。

甲方案：第1年年初投资200万元，第2年年初投资100万元，建设期2年。乙方案：第1年年初一次投资300万元，建设期1年。甲、乙方案的生产经营期均为5年，折现率为9%，各年的现金净流量如下（单位：万元）：

年数	1	2	3	4	5	6	7
甲方案	-200	-100	90	90	90	90	90
乙方案	-300	90	100	110	80	60	

假定各年回收的现金净流量均在年末收到。

要求：采用净现值法、获利能力指数法进行决策分析。

4.某企业准备用一套自动化设备更换原来的机械化设备以降低产品成本，提高产品质量，扩大销路。机械化设备原值60万元，账面净值36万元，每年折旧6万元，预计还可使用6年，期满无残值，若现在变卖机械化设备可卖30万元。自动化设备的投资额为72万元，可以使用6年，期满也无残值。使用自动化设备后，将使销售收入由原来的每年30万元提高到60万元，但每年经营成本只由原来的16万元提高到26万元，所得税税率为25%。该企业设定的折现率为12%。

要求：做出设备更换的决策分析。

5.某长期投资项目累计的净现金流量资料如下：

年数	0	1	2	3	…	6	7	…	15
累计的净现金流量（元）	-100	-200	-200	-180	…	-20	+20	…	+500

要求：

（1）计算该项目的非贴现的投资回收期。

（2）说明该项目的建设期、经营期。

6.某企业投资15 500元购入一台设备，该设备预计残值为500元，可使用3年，折旧按直线法计算（会计政策与税法规定一致），设备投产后每年销售收入增加额分别为10 000元、20 000元、15 000元，除折旧外的费用增加额分别为4 000元、 12 000元、5 000元。企业适用的所得税税率为20%，要求的最低投资报酬率为10%，目前年税后利润为20 000元。

要求：

（1）假设企业经营无其他变化，预测未来3年每年的税后利润。

（2）计算该投资方案的净现值。

7.某企业计划进行某项投资活动，拟有甲、乙两个方案，有关资料如下：

甲方案：原始投资额为150万元，其中，固定资产投资100万元，流动资金投资50万元，全部资金于建设起点一次投入，该项目经营期5年，到期残值收入5万元。预计投产后年营业收入90万元，年总成本60万元。

乙方案：原始投资额为210万元，其中，固定资产投资120万元，无形资产投资25万元，流动资产投资65万元，全部资金于建设起点一次投入，该项目建设期2年，经营期5年，到期残值收入8万元，无形资产自投产年份起分5年摊销完毕。该项目投产后，预计年营业收入170万元，年总成本80万元。

该企业按直线法计提折旧，全部流动资金于终结点一次收回，所得税税率为25%，设定的折现率为10%。

要求：采用净现值法评价甲、乙方案是否可行。

8.某公司有一投资项目，需要投资6 000元（5 400元用于购买设备，600元用于追加流动资金）。预期该项目可使企业销售收入增加：第1年为2 000元，第2年为3 000元，第3年为5 000元。第3年年末项目结束，收回流动资金600元。

假设公司适用的所得税税率为20%，固定资产按3年用直线法计提折旧，不考虑残值。公司要求的最低投资报酬率为10%。

要求：

（1）计算该项目的税后现金净流量。

（2）计算该项目的净现值。

（3）计算该项目的回收期。

（4）如果不考虑其他因素，你认为该项目是否应被接受?

9.某企业使用现有生产设备每年取得销售收入3 000万元，每年付现成本2 200万元。该企业在对外商贸谈判中，获知其可以购入一套设备，买价折合人民币为350万元，如购得此项设备对本企业进行技术改造扩大生产，每年销售收入预计增加到4 000万元，每年付现成本增加到2 800万元。

根据市场趋势调查，该企业所产产品尚可在市场销售8年，8年以后拟转产，转产时进口设备预计可以23万元在国内售出，如现决定实施此项技术改造方案，现有设备可以80万元作价售出。企业要求的投资报酬率为10%。

要求：请用净现值法分析该技术改造方案是否可行。

10.某工业投资项目的A方案如下：

该项目原始投资额650万元，其中，固定资产投资500万元，流动资金投资100万元，其余为无形资产投资，全部投资的来源均为自有资金。

该项目建设期为2年，经营期为10年，按直线法计提折旧，期满有40万元的净残值，无形资产从投产年份起分10年摊销完毕，流动资金于终结点一次收回。

预计项目投产后，每年发生的相关营业收入（不含增值税）和经营成本分别为380万元和129万元，所得税税率为25%，该项目不享受减免所得税的优惠待遇。

要求：

（1）计算该项目A方案的下列指标：

① 项目计算期。

② 固定资产原值。

③ 固定资产年折旧。

④ 无形资产投资额。

⑤ 无形资产年摊销额。

⑥ 经营期每年总成本。

⑦ 经营期每年营业利润。

⑧ 经营期每年净利润。

（2）计算该项目A方案的下列现金净流量指标：

① 建设期各年的现金净流量。

② 项目计算期期末回收额。

③ 投产后1~9年每年的现金净流量。

④ 第10年（终结点）的现金净流量。

（3）该项目的B方案比A方案多投入50万元的原始投资，无建设期，经营期不变，其现金净流量为NCF_0=−700万元，$NCF_{1\sim10}$=161.04万元，假设企业要求的投资报酬率为14%，请计算该项目B方案的净现值指标，并据以评价该方案的财务可行性。

第八章　全面预算

学习目的和要求

决策的具体落实需要预算。通过本章的学习，使学生掌握全面预算编制的方法，熟悉全面预算的基本体系，了解编制全面预算的意义和作用。学习本章，要重点掌握以下内容：

1. 全面预算的编制。

2. 弹性预算、零基预算、滚动预算的特点。

学习重点和难点

一、学习重点

1. 编制全面预算的作用

编制全面预算的作用概括起来有以下三点：一是明确目标、控制业务；二是内部协调、综合平衡；三是分析比较、评价业绩。

2. 全面预算的基本体系

全面预算的基本体系包括以下方面：销售预算；生产预算；直接材料采购预算；直接人工预算；制造费用预算；期末存货预算；销售及管理费用预算；现金预算；预计利润表；预计资产负债表。

3. 全面预算编制的方法

（1）固定预算。

固定预算是根据预算期内计划预定的一种业务水平确定相应的数据，因此亦称为静态预算，它是常用的传统方法。这种传统方法有一个很大的缺点，那就是当实际发生的业务量与编制预算所根据的业务量发生差异时，各费用项目的实际数与预算数无可比基础。

（2）弹性预算。

弹性预算是根据收入、成本、利润同生产经营活动水平之间的数量关系，按照预算期内可预见的多种业务量水平分别确定相应的预算数，使编制的预算随着经营活动水平的变化而变化，因此也称变动预算。弹性预算能够真实、准确地反映一系列特定生产经营规模和业务量水平上所应当发生的费用开支和取得的相应收入及利润。因此，弹性预算比固定预算更便于落实任务、区分责任，并使预算执行情况的评价和考核建立在更加客观而可信的基础上。

（3）零基预算。

零基预算又称零底预算，是指在编制预算时，对于所有的预算支出均以零为基底，不考虑以往各种情况如何，从根本上研究、分析每次预算有无支出的必要性以及支出数额的大小。零基预算有利于提高资金使用效益，节约费用开支，把预算控制在更加严密而健全的基础上，但零基预算的工作量大。零基预算的编制方法大体上分三个步骤：提出预算项目、进行成本-效益分析、分配资金并落实预算。

（4）滚动预算。

滚动预算又称连续预算，是指预算随着时间的推移而自行延伸并始终保持在某一特定期限（通常为1年）之内的一种延续性预算。滚动预算有以下优点：保持预算的完整性、连续性；能使各级管理人员始终保持对未来12个月的生产经营活动作周详的考虑和全盘的计划；有利于外界对企业经营状况的持续性了解；预算的不断调整与补充，使预算与实际更加适应，充分发挥预算的指导和控制作用。

二、学习难点

全面预算的编制方法和编制实务。

习　题

一、名词解释

1.全面预算　2.现金预算　3.弹性预算　4.零基预算　5.滚动预算

二、填空题

1.（　　）又称总预算，是关于企业在一定时期内经营、财务等方面的总体预算。

2.（　　）是全面预算的出发点，也是全面预算的关键。

3.（　　）主要用来具体安排企业在预算期内的生产活动，确定预算期内有关产品的生产数量及其分布状况。

4.现金预算一般包括四个组成部分：（　　）、（　　）、（　　）和（　　）。

5.全面预算编制的方法有（　　）、（　　）、（　　）和（　　）。

三、单项选择题

1.编制全面预算的期间通常为（　　）。

A.1个月　　B.1个季度

C.1年　　D.半年

2.下列与生产预算编制没有直接联系的预算是（　　）。

A.直接材料采购预算　　B.变动制造费用预算

C.销售及管理费用预算　　D.直接人工预算

3.在编制（　　）时，需按成本性态分析的方法将企业的成本分为固定成本和变动成本。

A.固定预算　　B.零基预算

C.滚动预算　　D.弹性预算

4.在全面预算的编制工作中，唯一用业务量来计量的是（　　）。

A.销售预算　　B.生产预算

C.成本预算　　D.现金预算

5.为克服传统的固定预算的缺点，人们设计了一种具有适用面广、机动性强，可适用于多种情况的预算方法，即（　　）。

A.弹性预算　　B.零基预算

C.滚动预算　　D.固定预算

6.某企业编制“生产预算”，预计第一季度期初存货为120件；预计销售量第一季度为1 500件，第二季度为1 600件。该企业存货数量通常按下期销售量的10%安排期末存货，则该预算中第一季度的预计生产量为（ ）。

A.1 540件　　B.1 460件

C.1 810件　　D.1 530件

7.下列各项中其预算期可以不与会计年度挂钩的预算方法是（ ）。

A.弹性预算　　B.零基预算

C.滚动预算　　D.固定预算

8.能够同时以实物量指标和价值量指标分别反映企业经营收入和相关现金收入的预算是（ ）。

A.现金预算　　B.销售预算

C.生产预算　　D.预计资产负债表

9.某企业编制“直接材料采购预算”，预计材料第四季度期初存量456千克，季度生产需用量2 120千克，预计期末存量为350千克，材料单价为10元/千克，若材料采购货款有50%在本季度内付清，另外50%在下季度付清，则该企业预计资产负债表年末“应付账款”项目为（ ）。

A.11 130元　　B.14 630元

C.10 070元　　D.13 560元

10.直接材料采购、直接人工和制造费用预算是依据（ ）确定的。

A.销售预算　　B.成本预算

C.生产预算　　D.现金预算

四、多项选择题

1.产品成本预算是（ ）预算的汇总。

A.生产　　B.直接材料采购

C.直接人工　　D.制造费用

2.现金预算的组成部分不包括（ ）。

A.现金收入预算　　B.销售预算

C.生产预算　　D.预计利润表

3.全面预算的作用主要有（ ）。

A.明确工作目标　　B.协调部门关系

C.制定未来企业经济活动的目标　　D.评价业绩

4.滚动预算较之传统的定期预算具有的优点有（ ）。

A.与会计年度相配合，便于预算执行结果的考核与评价

B.可以保持预算的连续性与完整性，使有关人员能从动态的预算中把握企业的未来，了解企业的总体规划和近期目标

C.可以根据前期预算的执行结果，结合各种新的变化信息，不断调整或修订预算，从而使预算与实际情况更相适应，有利于充分发挥预算的指导与控制作用

D.可以使各级管理人员始终保持对未来12个月甚至更长远的生产经营活动进行周密的思考和全盘的规划，确保企业各项工作有条不紊地进行

5.编制生产预算中的“预计生产量”项目时，需要考虑的因素有（ ）。

A.预计销售量　　B.预计期初存货
C.预计期末存货　　D.前期实际销量
E.生产需用量

6.作为控制工具的弹性预算，(　　)。

A.以成本性态分析为理论前提
B.既可以用于成本费用预算，也可以用于利润预算
C.在预算期末需要计算“实际业务量的预算成本”
D.只要本量利数量关系不发生变化，则无须每期重新编制

7.在编制预计资产负债表时，下列计算公式中正确的有(　　)。

A.期末应收账款=本期销售额×(1-本期收现率)
B.期末应付账款=本期采购额×(1-本期付现率)
C.期末现金余额=库存现金+银行存款
D.期末未分配利润=期初未分配利润+本期利润-本期股利

五、判断题

1.生产预算是整个预算编制的起点，其他预算的编制都以生产预算为基础。(　　)

2.由于弹性预算是按预期可预见的不同业务量水平编制的，因而总可以在弹性预算中找到与实际业务量相同的业务量水平及其预算金额，便于对预算执行情况进行控制与考核。(　　)

3.现金预算以实物量指标总括反映经营活动和资本支出的结果。(　　)

4.在现金预算中，必须反映在预算期内企业规划筹措用于抵补收支差额的现金，确保一定数额的现金余额，以及通过买入、卖出有价证券来调剂现金余缺等内容。(　　)

5.预计财务报表的编制程序是先编制预计资产负债表，然后再编制预计利润表。(　　)

六、简答题

1.简答编制全面预算的意义。

2.简答编制全面预算的作用。

七、计算分析题

计算并完成下列第三季度现金预算工作底稿和现金预算：

单位：元

月　份	6	7	8	9	10
工作底稿					
营业收入	6 000	7 000	8 000	9 000	10 000
收账					
销货当月(销售收入的20%)					
销货次月(销售收入的80%)					
收账合计					

续表

月　份	6	7	8	9	10
采购金额（下月销货的70%）					
购货付款（延后1个月）					
现金预算					
(1) 期初余额		8 000			
(2) 收账					
(3) 购货					
(4) 工资		750	100	1 250	
(5) 其他付现费用		100	200	700	
(6) 预交所得税				2 000	
(7) 购置固定资产		8 000			
(8) 现金多余或不足					
(9) 向银行借款（1 000元的倍数）					
(10) 偿还银行借款（1 000元的倍数）					
(11) 支付借款利息（还款支付，年利率12%）					
(12) 期末现金金额（最低6 000元）					

第九章　标准成本法

学习目的和要求

标准成本法是指将事先制定的标准成本与实际成本进行对比以揭示成本差异，对成本差异进行因素分析，并据此加强成本控制的一种会计信息系统和成本控制系统。通过本章的学习，使学生掌握成本差异的计算与分析，熟悉成本差异的财务处理，熟悉标准成本的制定，了解标准成本的种类、标准成本法的作用。学习本章，要重点掌握以下内容：

1.直接材料成本差异计算。

2.直接人工成本差异计算。

3.制造费用成本差异计算。

学习重点和难点

一、学习重点

1.标准成本

标准成本是事先制定的、经过努力能达到的目标成本。根据达到标准成本的难易程度和其修订的频率，可把标准成本分为：基本标准成本、理想标准成本、现实标准成本。现实标准成本被广泛采用。

2.标准成本的制定

产品成本是由直接材料、燃料和动力、直接人工和制造费用四个成本项目组成的，应按照这些项目的特点分别制定其标准成本。

（1）直接材料标准成本的制定。

某产品的直接材料标准成本=该产品所需某材料的数量标准×该材料的价格标准

（2）直接人工标准成本的制定。

某产品的直接人工标准成本=该产品耗用的标准工时×工时标准工资率

（3）制造费用标准成本的制定。

某产品的制造费用标准成本=该产品耗用的标准工时×制造费用标准分配率

$$\text{制造费用标准分配率}=\frac{\text{制造费用预算总额}}{\text{生产量标准}}$$

生产量标准通常选择预算产量标准工时。

3.成本差异的计算与分析

（1）直接材料成本差异的计算与分析。

直接材料价格差异=实际产量的实际用量×（实际价格-标准价格）

直接材料数量差异=（实际产量的实际用量-实际产量的标准数量）×标准价格

直接材料成本差异=直接材料价格差异+直接材料数量差异

直接材料价格差异是在采购过程中形成的。采购部门未能按标准价格进货的原因有：

供应厂家价格变动、未按经济采购批量进货、未能及时订货造成的紧急订货、采购时舍近求远使运费和途耗增加、不必要的快速运输方式、违反合同被罚款等。

直接材料数量差异是在材料耗用过程中形成的，形成的具体原因有：操作疏忽造成废料增加、工人用料不精心、操作技术改进而节省材料、新工人上岗造成多用料、机器或工具不适用造成用料增加等。有时多用料并非生产部门责任，如购入材料质量低劣、规格不符也会使用料超过标准；又如加工工艺变更、检验过严也会使数量差异加大。

（2）直接人工成本差异的计算与分析。

直接人工工资率差异=实际产量的实际工时×（实际工资率-标准工资率）

直接人工效率差异=（实际产量的实际工时-实际产量的标准工时）×标准工资率

直接人工成本差异=直接人工工资率差异+直接人工效率差异

直接人工工资率差异形成的原因，包括直接生产工人升级或降级使用、奖励制度未产生实效、工资率调整、加班或使用临时工、出勤率变化等。

直接人工效率差异形成的原因，包括工作环境不良、工人经验不足、劳动情绪不佳、新工人上岗太多、机器或工具选用不当、设备故障较多、作业计划安排不当、产量太少无法发挥批量节约优势等。

（3）变动制造费用成本差异的计算与分析。

$$\text{变动制造费用预算差异}=\text{实际产量实际工时}\times(\text{变动制造费用实际分配率}-\text{变动制造费用标准分配率})$$

变动制造费用效率差异=（实际产量实际工时-实际产量标准工时）×变动制造费用标准分配率

变动制造费用成本差异=变动制造费用预算差异+变动制造费用效率差异

变动制造费用预算差异是部门经理的责任，他们有责任将变动制造费用控制在弹性预算限额之内。

变动制造费用效率差异形成的原因与直接人工效率差异形成的原因相同。

（4）固定制造费用成本差异的计算与分析。

①两差异法。

两差异法是将固定制造费用差异分为预算差异和能量差异。

固定制造费用预算差异=固定制造费用实际总额-固定制造费用预算总额

固定制造费用能量差异=固定制造费用预算总额-固定制造费用标准成本

=（预算产量标准工时-实际产量标准工时）×固定制造费用标准分配率

②三差异法。

三差异法是将固定制造费用的成本差异分为预算差异、效率差异和能力差异三部分。预算差异的计算与两差异法相同。不同的是，两差异法中的“能量差异”进一步分解为两部分：一部分是实际工时未达到预算工时而形成的能力差异；另一部分是实际工时脱离标准工时而形成的效率差异。有关计算公式如下：

$$\text{固定制造费用预算差异}=\text{固定制造费用实际总额}-\text{固定制造费用标准分配率}\times\text{预算产量标准工时}$$

$$\text{固定制造费用能力差异}=\text{固定制造费用预算总额}-\text{实际产量实际工时}\times\text{固定制造费用标准分配率}$$

$$=(\text{预算产量标准工时}-\text{实际产量实际工时})\times\text{固定制造费用标准分配率}$$

$$\text{固定制造费用效率差异}=\frac{\text{实际产量}}{\text{实际工时}}\times\frac{\text{固定制造费用}}{\text{标准分配率}}-\frac{\text{实际产量}}{\text{标准工时}}\times\frac{\text{固定制造费用}}{\text{标准分配率}}$$

$$=\left(\frac{\text{实际产量}}{\text{实际工时}}-\frac{\text{实际产量}}{\text{标准工时}}\right)\times\frac{\text{固定制造费用}}{\text{标准分配率}}$$

二、学习难点

成本差异的计算与分析。

习　题

一、名词解释

1.标准成本　2.标准成本法　3.现实标准成本　4.价格差异　5.数量差异　6.预算差异　7.能量差异　8.能力差异　9.效率差异　10.有利差异　11.不利差异

二、单项选择题

1.以现有生产经营条件处于最佳状态为基础确定的最低水平的成本称为（　　）。

A.理想标准成本　　B.基本标准成本

C.平均标准成本　　D.现实标准成本

2.最切实可行且接近实际的、被西方国家企业广泛采用的标准成本是（　　）。

A.理想标准成本　　B.基本标准成本

C.平均标准成本　　D.现实标准成本

3.某企业实际生产100件甲产品共耗用直接材料500千克，单位产品直接材料标准耗用量应为4.5千克，材料标准价格为10元/千克，材料实际价格为11元/千克，则该产品直接材料的用量差异为（　　）。

A.550元　　B.42元

C.500元　　D.5 500元

4.某企业生产乙产品200件，实际耗用总工时400小时，标准总工时为380小时，标准工资率为1元/小时，实际工资率为0.8元/小时，则工资率差异为（　　）。

A.20元　　B.42元

C.-40元　　D.-80元

5.某企业4月份发生的预算差异为700元（不利差异），能量差异为500元（有利差异），实际发生的固定制造费用为18 000元，则实际产量的标准固定制造费用为（　　）。

A.18 700元　　B.17 800元

C.17 300元　　D.17 500元

6.变动制造费用的价格差异是指（　　）。

A.预算差异　　B.效率差异

C.闲置差异　　D.能量差异

7.三差异法中，固定制造费用的能力差异是指（　　）。

A.未能充分使用现有生产能量而形成的差异

B.实际工时未达到标准生产能量而形成的差异

C.实际工时脱离标准工时而形成的差异

D.固定制造费用的实际金额脱离预算金额而形成的差异

8.某厂生产甲产品，同行业该种产品的平均销售利润率为8%，预计本年销售量为115万吨，甲产品每吨售价1 800元，则甲产品的目标单位成本为（　　）。

A.1 800元　　B.1 656元

C.1 764元　　D.1 686元

9.通常应对不利的材料价格差异负责的部门是（　　）。

A.质量控制部门　　B.采购部门

C.生产部门　　D.产品设计部门

10.固定制造费用的实际金额与预算金额之间的差额称为（　　）。

A.预算差异　　B.能量差异

C.效率差异　　D.能力差异

11.采用三差异法计算固定制造费用差异时，可将“能量差异”进一步分为（　　）两部分。

A.能力差异和预算差异　　B.能力差异和效率差异

C.预算差异和效率差异　　D.以上任何两种差异

12.下列变动成本差异中，无法从生产过程分析中找出产生原因的是（　　）。

A.变动制造费用效率差异　　B.变动制造费用预算差异

C.材料价格差异　　D.直接人工效率差异

三、多项选择题

1.标准成本在实际工作中的含义可以是（　　）。

A.单位产品的标准成本　　B.计划产品的标准成本

C.基本产品的标准成本　　D.实际产量的标准成本

2.影响变动制造费用效率差异的原因有（　　）。

A.工人劳动情绪不佳　　B.作业计划安排不当

C.加班或使用临时工　　D.出勤率变化

E.设备故障较多

3.标准成本的用量标准主要包括（　　）。

A.产品直接材料消耗总量　　B.单位产品直接人工总量

C.产品直接人工总量　　D.单位产品直接人工工时

4.各成本差异科目的贷方登记（　　）。

A.成本超支差异　　B.成本节约差异

C.超支差异转出额　　D.节约差异转出额

5.下列项目中属于固定制造费用成本差异的有（　　）。

A.预算差异　　B.能量差异

C.效率差异　　D.能力差异

6.在进行变动成本差异分析时，形成直接材料数量差异的原因经常有（　　）。

A.操作疏忽造成废品和废料增加　　B.机器或工具不适用造成用料增加

C.新工人上岗造成多用材料　　D.紧急订货形成的采购成本增加

E.操作技术改进而节省材料

四、判断题

1.无论哪种变动成本项目的实际价格上升，都会引起整个变动成本差异的不利变化。（　）

2.在标准成本法下，期末结转超支或节约成本差异额都应记入有关成本差异科目的贷方。（　）

3.变动制造费用预算差异是实际变动制造费用支出与按实际工时和变动制造费用标准分配率计算的预算数之间的差额。（　）

4.现实标准成本从数额上看，它应当大于理想标准成本，但又小于历史平均水平。（　）

5.一般而言，直接材料价格差异应由采购部门负责，直接材料用量差异应由负责控制用料的生产部门负责。（　）

6.成本差异是指产品实际成本与标准成本的差额，凡是实际成本小于标准成本的差异数，即称为有利差异。（　）

7.在材料成本差异分析中，价格差异总金额是根据单价偏差乘以“实际”用量计算的，而数量差异总额却是根据单耗偏差乘以“标准”价格计算的。（　）

五、简答题

简述标准成本法的作用。

六、计算分析题

1.某轴承厂本月生产轴承4 000套，实际耗用钢材10 800千克，实际成本为10 260元，而该厂轴承的标准成本为每套轴承需用钢材2.5千克，每千克钢材0.88元。

要求：

（1）计算生产轴承所耗用钢材的成本差异总额。

（2）计算耗用钢材的价格差异和用量差异。

2.A产品7月份实际产量800件，具体资料如下：

项　目	实　际	标　准
单位产品材料耗用量	4千克	5千克
材料单价	11元/千克	10元/千克
单位产品耗用直接人工工时	2.1小时	2小时
小时工资率	3.2元/小时	3元/小时
变动制造费用分配率	0.8元/小时	1元/小时

要求：计算直接材料、直接人工、变动制造费用的成本差异。

3.某工厂固定制造费用及有关资料如下：

固定制造费用实际支出总额	61 700元
实际产量标准工时	16 000小时
固定制造费用预算总额	60 000元
预算产量标准工时	20 000小时
本年度实际耗用总工时	17 500小时

要求：

（1）计算固定制造费用成本差异总额。

（2）用两差异法分解成本差异。

（3）用三差异法分解成本差异。

4.某工厂本月固定制造费用的预算差异为200元（不利差异），效率差异为120元（不利差异），能力差异为480元（有利差异），已知标准费用分配率为2.4元/小时，实际产量标准工时为1 150小时。

要求：计算本月固定制造费用实际支付数额。

第十章 绩效分析

学习目的和要求

业绩分析是指运用数理统计和运筹学的方法，通过建立综合评价指标体系，对照相应的评价标准，将定量分析与定性分析相结合，对企业一定经营期间的盈利能力、资产质量、债务风险以及经营增长等经营业绩与战略发展能力等方面进行综合评判的管理活动。通过本章学习使学生掌握绩效分析的关键绩效指标评价法、经济增加值评价法及平衡计分卡评价法，熟悉绩效管理与绩效分析的内涵。学习本章，要重点掌握以下内容：

1.科学运用关键绩效指标评价法进行企业绩效分析。

2.科学运用经济增加值评价法进行企业绩效分析。

学习重点和难点

一、学习重点

（一）绩效管理概述

1.绩效管理与绩效分析

从管理学角度看，绩效（performance）是效率（efficiency）和效能（effectiveness）的总和。其中，效率是对产出与投入的比率进行测量；效能则是将实际成果与原定的预期成果进行比较。前者适用于一切能将投入和产出量化或货币化的比较；后者则可用于那些无法用货币来计量的收益的比较。绩效是以结果来评判的。影响绩效的因素很多，主要包括技能、激励、环境、机会。

绩效管理（performance management），是指企业与所属单位（部门）、员工之间就绩效目标及如何实现绩效目标达成共识，并帮助和激励员工取得优异绩效，从而实现企业目标的管理过程。绩效管理的核心是绩效评价和激励管理。

绩效管理是一个系统，也是一个过程，该过程通常被看作是一个循环，可分为四个环节：绩效计划、绩效辅导、绩效考核与评价、绩效考核结果的应用。本书将绩效考核与评价统称为“绩效分析”。

2.绩效管理的基本原则

企业进行绩效管理，一般应遵循以下原则：

（1）战略导向原则。

（2）客观、公正原则。

（3）系统全面原则。

（4）科学有效原则。

（5）相对稳定原则。

（6）注重沟通原则。

3.绩效管理的业务流程

（1）制订绩效计划与激励计划。

（2）执行绩效计划与激励计划。

（3）实施绩效评价与激励。

（4）编制绩效评价与激励管理报告。

（二）关键绩效指标评价法

1.关键绩效指标法的含义

关键绩效指标法，是指基于企业战略目标，通过建立关键绩效指标（key performance indicator，KPI）体系，将价值创造活动与战略规划目标有效联系，并据此进行绩效分析的方法。

2.制订以关键绩效指标为核心的绩效计划

（1）构建关键绩效指标体系的业务流程。

（2）关键绩效指标的设计原则。

（3）关键绩效指标的分类。

（三）经济增加值评价法

1.经济增加值的含义

经济增加值（economic value added，EVA）又称经济附加值，是税后净营业利润扣除全部投入资本的成本后的剩余收益。

2.经济增加值的计算

经济增加值衡量的是企业资本收益和为企业带来经营利润的所有资本的成本之间的差额。其简略的计算公式如下：

经济增加值（EVA）＝税后净营业利润－加权平均资本成本×平均资本占用

经济增加值的另一种表现形式是：

经济增加值（EVA）＝资本效率×资本

其中，资本效率是指每单位资本所能产生的超过单位资本成本的收益，它是资本回报率和资本成本的差额，代表了单位资本创造财富的能力，只有单位资本效率为正时，企业才真正为投资人创造了新的财富。

3.经济增加值的调整

经济增加值计算的基本模型揭示了企业经济利润的本质，但其最终数值还需要以传统会计利润为基础对影响价值的相关项目进行调整，以消除根据会计准则编制的财务报表对企业真实情况的扭曲。

（1）税后净营业利润的确定。

经济增加值计算中的税后净营业利润，不同于利润表中的税后净利润，是对税后净利润进行一系列调整后得到的。国资委规定税后净营业利润按下列公式调整计算：

税后净营业利润＝税后净利润+（利息支出+研究开发费用调整项-非经常性收益调整项×50%）×（1-25%）

（2）总资本的确定。

总资本是西方经济学中的资本含义，相当于我们通常所说的总资产，而不是会计平衡公式中的资本含义。

投入总资本是指投入企业的全部资本，包括权益资本和债务资本，但不是两者的简单相加，也需要做相应的调整，如扣除无息流动负债、在建工程等。

调整后资本＝平均所有者权益+平均负债-平均无息流动负债-平均在建工程

（四）平衡计分卡评价法

1.平衡计分卡的设计理念

平衡计分卡（balanced scorecard，BSC），是由哈佛商学院的罗伯特·卡普兰和诺朗诺顿研究所所长大卫·诺顿提出的从公司战略角度对部门进行绩效分析的一种全新的组织绩效管理方法。平衡计分卡以公司战略为导向，寻找能够驱动战略成功的关键因素，建立与之密切联系的指标体系来衡量战略实施过程，并进行必要的修改以维持战略成功。平衡计分卡并非认为财务指标不重要，而是认为需要取得一个平衡。

2.平衡计分卡的主要内容

按照我国财政部发布的《管理会计应用指引第603号——平衡计分卡》，平衡计分卡由四个部分组成：财务（finance）、客户（customer）、内部业务流程（international business process）、学习与成长（learning and growth）。

（1）财务维度。平衡计分卡保留有财务维度的内容，这是因为财务指标能够集中反映企业的财务状况和经营成果。企业经营的最终目的是追求利润，财务指标能够反映出公司的经营策略对于利润的提高是否具有帮助。

（2）客户维度。在平衡计分卡的客户维度，管理者要确定本部门所要争取的竞争性客户对象以及市场份额，并计量在这个目标范围内的业绩情况。其核心指标包括市场份额、客户满意度、客户获得率、客户保持率、客户获利率、战略客户数量等。

（3）内部业务流程维度。平衡计分卡强调评价指标的多样化，不仅包括财务指标，还包括非财务指标，同时也为企业整体定义了一个完整的内部业务流程价值链，协调各部门的工作，以激励管理者全面改善企业的内部业务流程。

（4）学习与成长维度。学习与成长维度应关注三个方面的内容：员工能力管理方面、信息系统方面、调动员工积极性和员工参与程度方面。

3.平衡计分卡的编制

（1）平衡计分卡与企业战略管理的关系。

（2）平衡计分卡与企业战略管理的结合。

（3）平衡计分卡的编制程序。

4.平衡计分卡的优缺点

平衡计分卡的优点主要体现在：

（1）战略目标逐层分解并转化为被评价对象的绩效指标和行动方案，使整个组织行动协调一致。

（2）从财务、客户、内部业务流程、学习与成长四个维度确定绩效指标，使绩效评价更为全面完整。

（3）将学习与成长作为一个维度，注重员工的发展要求和组织资本、信息资本等无形资产的开发利用，有利于增强企业可持续发展的动力。

平衡计分卡的缺点主要体现在：

（1）专业技术要求高，工作量比较大，操作难度也较大，需要持续地沟通和反馈，实施比较复杂，实施成本高。

（2）各指标权重在不同层级及各层级不同指标之间的分配比较困难，且部分非财务指标的量化工作难以落实。

（3）系统性强、涉及面广，需要专业人员的指导、企业全员的参与和长期持续地修正与完善，对信息系统、管理能力有较高的要求。

二、学习难点

1.关键绩效指标评价法

2.经济增加值评价法

3.平衡计分卡评价法

习 题

一、名词解释

1.绩效 2.绩效管理 3.经济增加值

二、填空题

1.（　　）与（　　）是企业管理会计报告的重要组成部分，应确保内容真实、（　　）、分析客观、（　　），为报告使用者提供满足决策需要的信息。

2.关键绩效指标法的主要缺点有：关键绩效指标的选取需要透彻理解企业（　　）和（　　），有效识别核心业务流程和关键价值驱动因素，（　　）设计不当将导致错误的价值导向或管理缺失。

3.平衡计分卡以（　　）为导向，寻找能够驱动战略成功的关键因素，建立与之密切联系的指标体系来衡量战略实施过程，并进行必要的修改以维持战略成功。

三、单项选择题

1.下列各项指标中，属于财务评价内容的是（　　）。

A.持续增长能力　　B.市场份额

C.客户满意度　　D.产品合格率

2.下列各项指标中，属于非财务评价内容的是（　　）。

A.持续增长能力　　B.偿债能力

C.客户满意度　　D.盈利能力

3.从理论上说，绩效评价最基本的功能是（　　）。

A.认识功能　　B.预测功能

C.考核功能　　D.导向功能

4.绩效评价中，评价指标解决的是（　　）的问题。

A.评价客体的绩效究竟如何　　B.依据什么进行评价

C.依据什么评判绩效的优劣　　D.依据何种模式进行绩效评价

5.下列各项中，能够体现评价目标的具体化和量化的是（　　）。

A.评价客体　　B.评价标准

C.评价指标　　D.评价方法

6.下列各项中，不属于绩效评价方法的是（　　）。

A.平衡计分卡评价法
B.关键绩效指标评价法
C.本量利分析法
D.经济增加值评价法

7.下列各项中，与EVA度量口径一致的是（　　）。
A.企业的息税前利润
B.企业的资本利润
C.企业的未分配利润
D.企业的净利润

8.下列各项中，不属于平衡计分卡模型中财务维度考核指标的是（　　）。
A.投资资本回报率
B.市场占有率
C.经济增加值
D.自由现金流

四、多项选择题

1.下列各项中，与“绩效评价”是同义词的术语有（　　）。
A.绩效考核
B.绩效评估
C.效绩评价
D.业绩评价
E.财务评价

2.下列各项中，属于企业绩效内容的有（　　）。
A.盈利能力
B.资产营运水平
C.偿债能力
D.持续发展能力
E.顾客满意度

3.应用平衡计分卡对企业进行绩效评价时，涉及的维度有（　　）。
A.内部业务流程
B.财务
C.客户
D.学习与成长
E.作业

4.在平衡计分卡中，典型的衡量财务绩效高低的评价指标有（　　）。
A.营业收入增长率
B.流动资产周转率
C.固定资产周转率
D.经济增加值
E.现金流量

5.下列各项中，通过应用平衡计分卡能够实现的“平衡”有（　　）。
A.财务与非财务的平衡
B.内部和外部的平衡
C.短期和长期的平衡
D.战略与行动的平衡
E.成果和动因的平衡

6.下列各项中，属于应用实施平衡计分卡模型程序的步骤的有（　　）。
A.确定公司的战略与目标
B.设计并确定评价指标体系
C.加强企业内部传递与沟通
D.确定目标值或评价标准值
E.应用推广企业价值增值经验

7.下列各项中，能够揭示平衡计分卡模型特点的表述有（　　）。
A.将绩效评价与战略紧密联系
B.使企业绩效评价更有针对性
C.有助于从整体角度评价企业绩效
D.有助于评价企业长期发展潜力与实力
E.有助于企业管理人员采取针对性措施

五、判断题

1.企业绩效是企业的盈利能力、资产营运水平、偿债能力和持续发展能力等财务绩效，以及顾客满意度等非财务绩效的综合体。 ( )

2.为提高绩效评价系统的适应性、全面发挥绩效评价的功能，同一评价系统可同时使用两种或两种以上不同的标准进行对比判断。 ( )

3.绩效评价方法是绩效评价体系的重要组成部分，也是获取绩效评价信息、取得评价结果的手段，直接决定着绩效评价结果的客观性、公正性。 ( )

4.经济增加值是指企业税前营业净利润与全部资本成本之间的差额。 ( )

5.经济增加值所度量的并不是通常财务会计上的利润，而是企业的资本利润。 ( )

六、简答题

1.简述绩效管理的基本原则。

2.简述经济增加值的计算原理。

3.简述平衡计分卡的编制程序。

4.简述平衡计分卡的主要内容。

第十一章　责任会计与管理会计报告

学习目的和要求

责任会计是企业为了强化内部经济责任而实施的一种内部控制制度，是把会计资料同各有关责任单位紧密联系起来的信息控制系统。通过本章的学习，使学生掌握成本中心、利润中心、投资中心的含义及评价指标，掌握内部转移价格的制定方法，熟悉责任会计的基本内容及原则，掌握管理会计报告与形式。学习本章，要重点掌握以下内容：

（1）责任中心的划分。

（2）内部转移价格的制定。

（3）管理会计报告。

学习重点和难点

一、学习重点

1.责任会计概述

责任会计是在分权管理的条件下，为适应经济责任制的要求，在企业内部建立若干责任单位，并对它们分工负责的经济活动进行规划与控制的一整套专门制度。责任会计的基本内容包括：建立责任中心、确定责任中心的目标、建立各责任中心的记录和报告制度、通过记录和报告评价考核实际工作业绩。

责任会计的原则主要有：责权利相结合原则、目标一致性原则、可控性原则、反馈性原则和例外管理原则。

2.成本中心

企业内部能够控制成本的任何一级责任中心都是成本中心。人事部门、总务部门、会计部门等“费用中心”也属于广义的成本中心。

成本中心所计算与考核的是“责任成本”。责任中心可控成本的合计就构成了责任中心的责任成本。

3.利润中心

利润中心是指除了能够控制成本以外，还能控制销售和收益的责任中心。利润中心有自然利润中心和人为利润中心两种形式。

利润中心计算与考核有关利润指标。

4.投资中心

投资中心是既对成本、利润负责，又对投资负责的责任中心。投资中心一般适用于规模和经营权力较大的部门，如事业部、分公司、分厂等。

对投资中心的考核指标有投资报酬率和剩余收益。

5.内部转移价格

在责任会计中，各责任中心相互结算所选用的计价标准称为内部转移价格。

内部转移价格的制定有以下四种方法：

（1）按市价制定转移价格。

（2）按议价制定转移价格。

（3）按标准成本加成制定转移价格。

（4）按实际成本加成制定转移价格。

6.内部结算

（1）内部结算方式。

按照内部结算采用的手段不同，企业内部结算方式通常包括以下几种：

① 内部支票结算。内部支票结算是指在发生内部交易后，由付款单位根据有关原始凭证或业务活动证明向收款单位签发内部支票，收款单位审核无误后将支票送存内部结算中心或内部银行，通知其从付款单位账户中转账划拨款项的内部结算方式。

② 转账通知单结算。转账通知单结算是指收款单位提供产品或劳务后，根据有关原始凭证或业务活动证明签发转账通知单，通知企业内部结算中心或内部银行将转账通知单转给付款单位，让其付款的一种内部结算方式。

③ 内部货币结算。内部货币结算是指使用在企业内部发行的、仅限于在本企业内部流通的货币（如内部货币、资金本票、流通券、资金券等）进行内部往来结算的一种内部结算方式。

（2）内部结算中心。

内部结算中心的主要业务有：

① 设立内部结算账户，即为企业内的每一个责任中心在内部结算中心开立账户。

② 发行内部支票、内部货币等结算工具，即根据企业实际需要印制和发行各种结算凭证。

③ 制定结算制度，实施内部控制，即通过制定统一的内部结算方式，规定统一的结算程序和结算时间，加强对各责任中心结算内容与结算行为的监督、规范与控制。

④ 发放内部贷款，即根据财务部门核定的资金和费用定额及有关规定，在企业范围内统一调配资金余缺，对各责任中心所需的资金发放有偿贷款，或全额贷款有偿使用，或只是对超出定额部分的贷款有偿使用。

⑤ 筹措资金，即以整个集团或企业的名义，通过各种渠道，运用各种融资手段取得所需资金。

⑥ 建立信息反馈系统，即定期或不定期地将企业资金流通与余缺的情况以报表的形式反馈给各责任中心以及企业管理部门，以实现资金信息的及时传递与有效沟通。

7.责任成本结转

（1）责任成本结转的必要性。

企业内部各责任中心在生产经营过程中，经常会出现发生责任成本的责任中心与实际承担责任成本的责任中心不是同一中心的情况。责任成本结转不同于内部结算转账。它不是在等价交换原则下进行的双向交易，而是损失责任承担中心向损失发生责任中心提供的一种单向的经济补偿，包括承受相应的经济处罚。因此，责任结转有助于明确经济责任，增强责任中心与员工的责任感，减少可能发生的损失，提高企业的经济效益。

（2）责任成本结转的方式。

责任成本结转的方式包括直接的内部货币结算方式和内部结算中心转账两种。前者是将内部货币直接支付给损失方；后者是损失发生责任中心与损失责任承担中心在内部结算中心设立的账户之间进行转账。

8.管理会计报告

（1）管理会计报告的定义。

根据《管理会计应用指引第801号——企业管理会计报告》，管理会计报告是指企业运用管理会计方法，依据财务和业务的基础信息加工整理形成的，满足企业价值管理和决策支持需要的内部报告。

（2）管理会计报告的编报原则：

① 责任匹配原则。

② 例外原则。

③ 比较原则。

④ 及时原则。

⑤ 标准化原则。

⑥ 清晰原则。

⑦ 成本收益原则。

（3）管理会计报告的基本分类。

企业管理会计报告可以按照多种标准进行分类，包括但不限于以下几种分类：

一是按照企业管理会计报告使用者所处的管理层级可以分为战略层管理会计报告、经营层管理会计报告和业务层管理会计报告；

二是按照企业管理会计报告内容不同可以分为综合企业管理会计报告和专项企业管理会计报告；

三是按照管理会计功能可以分为管理规划报告、管理决策报告、管理控制报告和管理评价报告；

四是按照责任中心可以分为投资中心报告、利润中心报告和成本中心报告；

五是按照报告主体整体性程度可以分为整体报告和分部报告。

9.管理会计报告的运用

（1）管理会计报告的形式。

（2）管理会计报告的流程。

（3）非财务信息的报告。

二、学习难点

① 责任中心的划分及考核指标。

② 内部转移价格的制定。

③ 管理会计报告的应用。

习 题

一、名词解释

1.责任会计 2.成本中心 3.利润中心 4.投资中心 5.内部转移价格 6.内部支票结算 7.转账通知单结算 8.内部货币结算 9.管理会计报告 10.战略层管理会计报告 11.成本报告 12.责任报告

二、填空题

1.责任会计的原则主要包括（ ）、（ ）、（ ）、（ ）和（ ）。

2.责任中心按照控制范围的大小及业务活动特点，一般分为（ ）、（ ）、（ ）。

3.成本中心计算与考核的是（ ），而不是（ ）。

4.（ ）转移价格是买卖双方以正常的市场价格为基础定期协商，确定出一个双方都愿接受的价格作为计价基础。

三、单项选择题

1.下列说法中，不属于成本中心的特点的是（ ）。

A.只衡量成本费用，不衡量收益　　B.只对可控成本负责

C.控制和考核的内容是产品成本　　D.控制和考核的内容是责任成本

2.成本中心控制和考核的内容是（ ）。

A.产品成本　　B.标准成本

C.责任成本　　D.预算成本

3.以产品在企业内部流转而取得“内部销售收入”为特征的责任中心称为（ ）。

A.标准成本中心　　B.投资中心

C.自然利润中心　　D.人为利润中心

4.投资中心与利润中心的主要区别是（ ）。

A.投资中心拥有生产的经营决策权　　B.投资中心拥有投资决策权

C.投资中心拥有对外销售收入　　D.投资中心具有法人地位

5.用来计算剩余收益的公式为（ ）。

A.利润-投资额×预期投资收益率　　B.利润-投资额×预期最高投资收益率

C.利润-投资额×预期平均投资收益率　　D.利润-投资额×预期最低投资收益率

6.某投资中心本年度的投资额为20 000元，预期最低投资收益率为15%，剩余收益为2 000元，则本年度的利润为（ ）。

A.1 000元　　B.3 000元

C.5 000元　　D.300元

7.用投资报酬率来评价投资中心业绩的优点有很多，下列不属于其优点的是（ ）。

A.它是根据现有会计资料计算的，比较客观，可用于部门间及不同行业间的比较

B.它容易引起投资人和总经理的关注，可促进本部门甚至整个企业投资报酬率的提高

C.它使得部门利益与企业整体利益相一致，最终目的是提高整个企业的投资报酬率

D.它可分解为投资周转率和销售利润率，从而可对整个部门经营状况做出评价

8.部门剩余收益的计算公式应为：剩余收益=（　　）。

A.部门利润　　B.部门资产应计报酬

C.部门资产×资金成本率　　D.部门利润–部门资产应计报酬

9.一个责任中心，如果不形成或者不考核其收入，而着重考核其所发生的成本，称为（　　）。

A.利润中心　　B.成本中心

C.责任中心　　D.投资中心

10.具有独立或相对独立的收入和生产经营决策权，并对成本、收入和利润负责的责任中心是（　　）。

A.成本中心　　B.利润中心

C.投资中心　　D.财会中心

11.在投资中心的主要考核指标中，能够全面反映该责任中心投入产出的关系，避免本位主义发生，并使个别投资中心的利益与整个企业的利益统一起来的指标是（　　）。

A.可控成本　　B.利润总额

C.投资利润率　　D.剩余收益

12.从引进市场机制、营造竞争气氛、促进客观和公平竞争的角度看，制定内部转移价格的最好依据是（　　）。

A.市场价格　　B.议价价格

C.双重价格　　D.成本价格

13.当内部产品或劳务有外界市场，供应方有剩余生产能力，而且其单位变动成本要低于市价，而采用单一的内部转移价格又不能调动各责任中心的积极性和确保责任中心与整个企业的经营目标实现时，可考虑采用（　　）。

A.市场价格　　B.议价价格

C.双重价格　　D.成本价格

14.下列公司制企业的责任单位中，可作为投资中心的是（　　）。

A.公司　　B.车间

C.班组　　D.职工

15.下列不属于管理会计报告的特征的是（　　）。

A.管理会计报告没有统一的格式和规范

B.管理会计报告遵循结果导向

C.管理会计报告提供的信息不仅仅包括结果信息，也可以包括过程信息

D.管理会计报告如涉及会计业绩的报告，其主要的报告格式应该是边际贡献格式

四、多项选择题

1.投资中心的考核指标包括（　　）。

A.利润　　B.成本

C.投资报酬率　　D.投资回收期

E.剩余收益

2.通过（　　）制定“成本”价格作为内部转移价格时，不能调动提供部门降低成本积极性。

A.实际成本法　　B.实际成本加成法
C.标准成本法　　D.标准成本加成法
E.变动成本法

3.甲利润中心常年向乙利润中心提供劳务，在其他条件不变的情况下，如提高劳务的内部转移价格，可能出现的结果有（　　）。

A.甲利润中心内部利润增加　　B.乙利润中心内部利润减少
C.企业利润总额增加　　D.企业利润总额减少

4.制定内部转移价格的作用包括（　　）。

A.有利于明确划分责任中心的经济责任
B.有利于把责任中心的业绩考核建立在客观、可比的基础上
C.有利于调动企业内部各部门的生产积极性
D.有利于制定正确的经营决策

五、判断题

1.内部转移价格是企业之间相互买卖产品或提供劳务的结算价格。（　　）

2.从企业总体看，内部转移价格无论怎样变动，企业利润的总数是不变的，变动的只是利润或内部利润在各责任中心之间的分配情况。（　　）

3.以市场价格为基础的内部转移价格，是把企业外部市场价格直接作为内部结算价格。（　　）

4.一般来说，标准成本中心的考核指标是单位产品的标准成本。（　　）

5.可控成本总是针对特定责任中心来说的。一项成本，对某个责任中心来说是可控的，而对另外的责任中心可能是不可控的。（　　）

6.在其他因素不变的条件下，一个投资中心的剩余收益的大小与企业资本成本的高低成反向变动。（　　）

7.因为利润中心必然是成本中心，投资中心必然是利润中心，所以投资中心首先是成本中心，但利润中心并不一定都是投资中心。成本中心一般不是独立法人，利润中心可以是也可以不是独立法人，而投资中心一般是独立法人。（　　）

8.某项会导致个别投资中心的投资报酬率提高的投资，不一定会使整个企业的投资报酬率提高；某项会导致个别投资中心的剩余收益指标提高的投资，则一定会使整个企业的剩余收益提高。（　　）

9.内部转移价格只能用于企业内部各责任中心之间由于进行产品或劳务的流转而进行的内部结算。（　　）

10.如果公司下属的某个投资中心追加投资后，导致该中心的投资报酬率上升，则应以由此引起的公司投资报酬率的上升或下降来评价其业绩。（　　）

六、简答题

1.内部结算中心的主要业务有什么?
2.责任成本结转的方式包括哪些?
3.简述内部支票结算的适用范围，有什么特点?
4.简述管理会计报告和财务会计报告之间的联系和区别。
5.简述管理会计报告的编报原则。

6.简述管理会计报告的流程。

7.简述企业管理会计报告的类型。

七、计算分析题

1.某企业下设甲投资中心和乙投资中心，要求的总资产息税前利润率为10%。两投资中心均有一投资方案可供选择，预计产生的影响如下（金额单位：万元）：

投资中心	甲投资中心		乙投资中心	
	追加投资前	追加投资后	追加投资前	追加投资后
总资产	50	100	100	150
息税前利润	4	8.6	15	20.5
息税前利润率	8%		15%	
剩余收益	-1		+5	

要求：

（1）计算并填列上表中的空白。

（2）运用剩余收益指标分别就两投资中心是否应追加投资进行决策。

2.A、B、C、D四家公司的资料如下（金额单位：元）：

项　目	A公司	B公司	C公司	D公司
营业利润	4 200	5 000	3 000	6 000
公司资产	30 000	70 000	20 000	40 000
最低报酬率	10%	8%	15%	12%

要求：

（1）试计算各公司的剩余收益。

（2）现有一投资报酬率为11%的投资机会，投资额为10 000元。若四家公司都利用此投资机会，试计算各公司剩余收益将变为多少，并分析哪些公司应当利用此次机会。

3.甲、乙、丙、丁四个投资中心的资料如下（金额单位：元）：

投资中心	甲中心	乙中心	丙中心	丁中心
营业收入	500 000	（F）	450 000	—
营业成本	480 000	（G）	（K）	—
利润	（A）	（H）	22 500	—
净资产平均占用额	（B）	100 000	90 000	—
资本周转率（次）	（C）	3	（L）	4
销售成本率	（D）	（I）	（M）	80%
成本费用利润率	（E）	（J）	（N）	（P）
投资利润率	10%	24%	（O）	16%

要求：计算并填列上表中用字母表示的项目。

八、综合题

1.某公司下设甲、乙两个投资中心，部分资料如下（金额单位：元）：

投资中心	甲中心	乙中心	总公司
息税前利润	100 000	450 000	550 000
经营总资产平均占用额	2 000 000	3 000 000	5 000 000
总公司规定的总资产息税前报酬率	10%	10%	10%
总资产息税前报酬率	5%	15%	11%
剩余收益	-100 000	150 000	50 000

现有两个追加方案可供选择：第一，若甲中心追加投入1 000 000元经营资产，每年将增加80 000元息税前利润；第二，若乙中心追加投入2 000 000元经营资产，每年将增加290 000元息税前利润。假定资金供应有保证，剩余资金无法用于其他方面，暂不考虑剩余资金的机会成本。

要求：

（1）列表计算甲中心追加投资后该中心的总资产息税前报酬率和剩余收益指标及总公司新的总资产息税前报酬率和剩余收益指标。

（2）列表计算乙中心追加投资后该中心的总资产息税前报酬率和剩余收益指标及总公司新的总资产息税前报酬率和剩余收益指标。

（3）根据总资产息税前报酬率指标，分别从甲中心、乙中心和总公司的角度评价上述追加投资方案的可行性，并据此评价该指标。

（4）根据剩余收益指标，分别从甲中心、乙中心和总公司的角度评价上述追加投资方案的可行性，并据此评价该指标。

2.ABC公司有三个业务类似的投资中心，使用相同的预算进行控制，其2022年的有关资料如下（单位：万元）：

项　　目	预算数	实际数		
		A部门	B部门	C部门
销售收入	200	180	210	200
营业利润	18	19	20	18
营业资产	100	90	100	100

在年终进行业绩评价时，董事会对三个部门的评价发生分歧：有人认为C部门全面完成预算，业绩最佳；有人认为B部门销售收入和营业利润均超过预算，并且利润最大，应是最好的；还有人认为A部门利润超过预算并节省了资金，是最好的。

要求：假设该公司的资本成本率为16%，请对三个部门的业绩进行分析评价并排出优劣次序。

习题参考答案

第一章 绪 论

一、名词解释

管理会计是以现代管理科学和会计学为基础，以加强企业内部管理为目的，运用科学的方法，通过对企业经营活动过程进行规划、决策、控制和考核评价，为企业内部管理人员提供有用信息的一种决策支持系统。

二、填空题

1.财务会计　管理会计

2.20世纪初　20世纪50年代　标准成本计算制度和预算控制　责任会计　本量利分析　控制　以控制会计为核心

三、单项选择题

1.A　2.C　3.A　4.D　5.D　6.B　7.A　8.B　9.D　10.B　11.A　12.D　13.D　14.A　15.C　16.C　17.C　18.A

四、多项选择题

1.ABC　2.ABCDE　3.ABC　4.CD　5.ABCD　6.ABC　7.ABCDE　8.ABCDE　9.BCD　10.ABCDE

五、判断题

1.√　2.×　3.√　4.√　5.×　6.√　7.×　8.√　9.×　10.×　11.√　12.×　13.√　14.×　15.√　16.×　17.×　18.√　19.√

六、简答题

1.管理会计与财务会计的联系和区别：

管理会计与财务会计的联系主要体现在：

（1）管理会计与财务会计信息同源；

（2）管理会计和财务会计报表内容相互渗透。

管理会计与财务会计的区别主要体现在：

（1）目的不同；

（2）主体不同；

（3）计算依据不同；

（4）资料时效不同；

（5）计量单位不同；

（6）信息特征不同；

（7）数据特征不同；

（8）精确程度不同；

（9）核算程序不同；

（10）方法体系不同；

（11）编表时间不同；

（12）成本结构和计算方法不同。

2.管理会计的基本内容主要包括如下几个方面：

第一，在成本方面，着重介绍标准成本制度，这是管理会计最基本的方法。它既是计划目标，又是成本控制、分析的依据。其他各种管理会计方法几乎都跟成本有关，所以成本性态分析、变动成本法和作业成本法也是管理会计的基本内容。

第二，在决策方面，主要介绍预测方法、经营决策方法以及投资决策方法。决策也是管理会计的重要内容，主要包括决策基本因素预测、短期经营决策和长期投资决策等。

第三，在预算控制方面，主要介绍经过决策确定目标的全面预算和存货控制。

第四，在责任会计方面，主要介绍绩效分析、责任中心、内部转移价格、管理会计报告。

3.管理会计的目标：

管理会计的目标可以分为两个层次：第一层次为管理会计的基本目标，即提高企业的经营管理水平和经济效益；第二层次为管理会计的具体目标，即采用各种专门方法向企业内部各级管理人员提供有利于实现管理会计基本目标的各种有用信息，并参与企业的经营管理过程。管理会计的具体目标包括：①正确规划未来；②有效控制现在；③合理考核评价业绩。

第二章 成本性态分析与成本计算

一、名词解释

1.成本性态是指成本总额与特定业务量之间在数量方面的依存关系。这种关系是客观存在的，又称成本习性。按成本性态可将全部成本分为固定成本、变动成本和混合成本三大类。

2.固定成本是指在一定时期、一定业务量范围内，其总额保持不变的有关成本。

3.变动成本是指在一定时期、一定业务量范围内，随着业务量的变动，其总额成正比例变动的有关成本。

4.混合成本是指介于固定成本和变动成本之间，既随业务量变动而变动，但又不成正比例变动的那部分成本。

5.成本性态分析是指在明确各种成本的性态的基础上，按照一定的程序和方法，最终将全部成本区分为变动成本和固定成本两大类，并建立相应成本函数模型的过程。

6.变动成本法是指只将变动生产成本作为产品成本的构成内容，而将固定生产成本及非生产成本作为期间成本的一种成本计算方法。

7.期间成本是指与会计期间相联系所发生的费用，它们与产品的实际产量没有直接联系，既不会由于产量的提高而增加，也不会因产量的下降而减少，并随着时间的消逝而逐渐丧失，故其效益不应递延到下一个会计期间，而应在费用发生的当期全额列入利润表内，作为本期边际贡献总额的减除项目。

8.全部成本法（又称“完全成本计算法”，在我国称为“制造成本法”）是指在计算产品成本和存货成本时，把一定期间所发生的直接材料、直接人工、变动制造费用和固定制造费用的全部成本都包括在内的方法。

9.作业成本法是指以作业为间接费用归集对象，通过资源动因的确认、计量，归集资源费用到作业上，再通过作业动因的确认、计量，归集作业成本到产品或顾客上去的间接费用分配方法。

10.所谓作业成本管理是指企业以客户需要为出发点，以作业分析为核心，以不断降低成本、提高企业价值为目的，通过对作业链的不断改进和优化，从而获得竞争优势的一种先进的成本管理方式。

11.成本动因又称为成本推动因素，是对导致成本发生及增加的具有相同性质的某一类重要事项进行的度量，是对作业的量化表现。成本动因通常选择作业活动耗用资源的计算标准来进行度量。

二、填空题

1.成本习性

2.变动成本　混合成本　约束性固定成本　酌量性固定成本　经营能力成本　可调整固定成本

3.固定成本　单位变动成本　业务量

4.产品成本构成

5.产品成本只应包括变动生产成本　固定生产成本应当作为期间成本处理

6.固定制造费用　固定销售及管理费用　变动生产成本

三、单项选择题

1.B　2.C　3.B　4.A　5.B　6.C　7.B　8.B　9.B　10.C　11.B　12.D　13.C　14.B　15.B　16.B　17.B　18.B　19.A　20.B　21.C　22.D　23.B　24.B　25.D　26.D　27.C　28.C　29.B　30.A　31.C　32.B　33.D　34.B　35.B　36.D　37.A　38.B　39.B　40.B　41.C　42.D　43.D　44.A　45.A　46.D　47.B　48.B　49.C　50.A　51.D　52.A　53.A　54.A　55.C　56.A　57.D

四、多项选择题

1.AC　2.ABD　3.ABC　4.ACD　5.ABC　6.BC　7.ABC　8.AD　9.CDE　10.AD　11.ABCE　12.ABC　13.AB　14.ABD　15.ABD　16.ACE　17.AD　18.BCDE　19.ABC　20.ABCD　21.ABE　22.ABCE　23.AC　24.ACE　25.ABC　26.AE　27.BD　28.ABCDE　29.ABD　30.ABD　31.BE　32.ABC　33.ABCD　34.ABCDE　35.AB　36.ABCDE　37.BCE　38.ABD　39.ABCDE　40.ABCDE

五、判断题

1.√　2.×　3.×　4.×　5.×　6.×　7.×　8.×　9.×　10.√　11.√　12.√　13.×　14.×　15.√　16.×　17.√　18.√　19.×　20.√　21.×　22.√　23.×　24.√　25.×　26.√　27.√　28.×　29.√　30.×　31.×　32.√　33.×　34.√　35.√　36.√　37.√　38.√　39.√　40.√　41.×　42.√　43.×　44.√　45.√　46.√　47.×　48.×　49.×　50.×　51.√　52.×　53.√　54.√　55.√　56.√　57.×　58.×　59.×　60.×　61.√　62.√　63.√　64.√　65.×　66.√　67.×　68.×

六、简答题

1.成本性态是指成本总额与特定业务量之间的依存关系。这种关系是客观存在的，又称成本习性。成本按其性态分类，可以避免成本按经济用途分类的缺陷，将成本同企业的生产能力联系起来，便于事前控制成本并进一步挖掘企业的内部潜力，以达到增产节约、增收节支的目的。因此，在管理会计中，企业为了实行优化管理，提高经济效益，对成本进行的最重要的分类就是将其按性态进行分类。成本按其性态分类可分为固定成本、变动成本和混合成本三大类。

成本性态分析是指在明确各种成本的性态的基础上，按照一定的程序和方法，将全部成本区分为固定成本和变动成本两大类，并建立成本函数模型的过程。成本函数模型通常用 $Y=a+bX$ 来模拟。通过成本性态分析，可以揭示成本与业务量之间的依存关系，从而为应用变动成本法进行本量利分析、预测分析、决策分析、全面预算等奠定基础。

2.固定成本是指在一定时期、一定业务量范围内，其总额保持不变的有关成本。其主要特点是：

（1）在一定时期、一定业务量范围内，固定成本总额不受业务量变动影响，固定不变。

（2）在一定时期、一定业务量范围内，随着业务量的变动，单位固定成本成反比例变动。

变动成本是指在一定时期、一定业务量范围内，随着业务量的变动，其总额成正比例变动的有关成本。其主要特点是：

（1）变动成本总额随业务量变动成正比例变动。

（2）单位变动成本不受业务量变动影响，固定不变。

3.（1）变动成本法的优点：

变动成本法的诞生，突破了传统的、狭隘的成本观念，为强化企业内部的经营管理、提高经济效益开创了新的路径。这种方法的优点可归纳为如下五点：

① 从理论上来说，这种方法最符合“费用与收益相配比”这一公认会计原则的要求。

② 能提供最有用的管理信息，为预测前景、参与决策和规划未来服务。

③ 便于分清各部门的责任，有利于进行成本控制与业绩评价。

④ 促进管理当局重视销售环节，防止盲目生产。

⑤ 简化成本计算，便于加强日常管理。

（2）变动成本法的局限性：

① 不符合传统成本概念的要求。

② 不能适应长期决策和定价决策的需要。

③ 改用变动成本法计算时，会影响有关方面的利益。

4.（1）对产品间接成本的分配更为合理。

与传统成本计算方法相比，作业成本法的分配基础（成本动因）发生了质变。它不再采用单一的分配基准，而是采用多元分配基准，并且集财务变量与非财务变量于一体，特别强调非财务变量（如调整准备次数、运输距离、质量检验次数等）。因此，作业成本法所提供的成本信息要比传统成本计算法准确得多。

（2）“作业”是作业成本法的基本成本对象。

传统成本计算法主要以产品为成本对象计算成本，而作业成本法以“作业”作为最基本的成本计算对象。其他成本对象的成本计算均通过作业成本进行分配。正是由于作业成本法可以提供各项作业耗费的成本信息，因此使管理人员开展作业成本管理并改善作业链成为可能。

（3）作业成本法是更广泛的变动成本法。

变动成本法将许多成本项目列作期间费用，采用在发生的当期“一次性扣除”，而不加以分配。在作业成本法下，对于营销、产品设计等领域发生的成本，只要这些成本与特定产品相关，则可通过有关作业分配至有关产品（或其他成本对象）中，这样所提供的成本信息更有利于企业进行定价等相关决策。

（4）所有成本均是变动的。

在变动成本法下，成本因其在一定范围内不随产量的变化而变化，被划为固定成本。从作业成本法的观点看，这部分成本虽然不随产量变化而变化，却会随其他因素的变化而改变。这些因素包括产品批次、产品线的调整、企业生产能力的增减等。作业成本法将所有成本均视为变动的，这有利于企业分析成本产生的动因，进而降低成本。

5.成本动因按其在作业成本中体现的分配性质不同，可以分为资源动因和作业动因两类。资源动因是指资源消耗量与作业量之间的因果关系，即作业消耗资源。它反映了成本库对资源的耗费情况，是分配作业所耗资源的依据，是将资源成本分配到成本库的标准。作业量的多少决定着资源的耗用量，而资源耗用量的高低与最终产品没有直接关系。作业动因是指作业消耗量与最终产出之间的因果关系，即产品消耗作业。它是将成本库的成本分配到最终成本对象的标准。成本对象是成本分配的终点，它既可以是产品，也可以是顾客或服务。分配到最终产品、顾客或服务的成本反映了成本对象消耗的作业成本。

6.产品消耗作业，所以作业动因可以反映产品产量与作业成本之间的因果关系。作业动因分析是指通过产出对作业消耗的确认、计量，以及作业成本费用的分配和产出成本的归集，分析和评价各项作业的增值性。作业动因分析的程序有：

（1）从作业成本库的各项作业中选择代表作业，计算成本动因分配率。

（2）确认并计量各产出消耗的代表作业。

（3）计算并归集各产出的作业成本。

（4）分析各项作业对产出的贡献，确认其增值性。

七、计算分析题

1.（1）高低点法：

项　目	6月（最高点）	11月（最低点）
业务量（机器工作小时）	14	6
设备维修费（元）	400	200

$b=\frac{400-200}{14-6}=25$（元）

$a=200-25\times6=50$（元）

或　$=400-25\times14=50$（元）

则：Y=50+25X

每月设备维修费中有固定成本50元，单位变动成本为25元。

（2）直线回归法：

月　份	业务量（机器工作小时）X	设备维修费Y	XY	X^2
1	9	300	2 700	81
2	8	250	2 000	64
3	9	290	2 610	81
4	10	310	3 100	100
5	12	340	4 080	144
6	14	400	5 600	196
7	11	320	3 520	121
8	11	330	3 630	121
9	13	350	4 550	169
10	8	260	2 080	64
11	6	200	1 200	36
12	7	220	1 540	49
合　计	118	3 570	36 610	1 226

根据计算得到如下数据：

n=12　$\sum X=118$　$\sum Y=3\ 570$　$\sum XY=36\ 610$　$\sum X^2=1\ 226$

则：

$$b=\frac{n\sum XY-\sum X\sum Y}{n\sum X^2-(\sum X)^2}=\frac{12\times 36\ 610-118\times 3\ 570}{12\times 1\ 226-118^2}=22.92\text{（元）}$$

$$a=\frac{\sum Y-b\sum X}{n}=\frac{3\ 570-22.92\times 118}{12}=72.12\text{（元）}$$

Y=72.12+22.92X

若下年1月份的机器工作小时为15小时，即X=15，则：

Y=72.12+22.92×15=415.92（元）

每月设备维修费中有固定成本72.12元，单位变动成本为22.92元。预测下年1月份的设备维修费为415.92元。

2.（1）$b=\frac{26\ 000-20\ 000}{150-100}=120$（元）

a=20 000−120×100=8 000（元）

Y=8 000+120X

每季度混合成本中有固定成本8 000元，单位变动成本为120元。

（2）若下年计划产量为500件，即X=500，则：

Y=4×8 000+120×500=92 000（元）

预测下年的混合成本总额为92 000元。

3.（1）首先计算最高点（10月）生产总成本中的各项成本：

因为3月份的变动成本总额为51 000元，产量为51 000件，则单位变动成本为1元（51 000÷51 000），因此，10月份的变动成本总额应为76 000元（76 000×1）。根据固定成本总额不变的特点，则10月份固定成本应与3月份相同，即为60 000元。

10月份的混合成本=176 000−76 000−60 000=40 000（元）

由此得到：

项　目	最高点（10月）	最低点（3月）
产量（件）	76 000	51 000
生产总成本（元）	176 000	141 000
其中：变动成本总额（元）	76 000	51 000
固定成本总额（元）	60 000	60 000
混合成本总额（元）	40 000	30 000

运用高低点法将混合成本进行分解：

$$b=\frac{40\,000-30\,000}{76\,000-51\,000}=0.4\text{（元）}$$

a=30 000−0.4×51 000=9 600（元）

Y=9 600+0.4X

每月混合成本中有固定成本9 600元，单位变动成本为0.4元。

（2）此题有两种解法：

第一种解法：分别预测变动成本、固定成本和混合成本，然后再相加。

变动成本=60 000×1=60 000（元）

固定成本=60 000元

混合成本=9 600+0.4×60 000=33 600（元）

生产总成本=60 000+60 000+33 600=153 600（元）

第二种解法：首先确定生产总成本公式，然后直接进行预测。

总成本公式为Y=（60 000+9 600）+（1+0.4）X，即：

Y=69 600+1.4X

=69 600+1.4×60 000=153 600（元）

预测该厂下年1月份产量为60 000件时的生产总成本为153 600元。

4.（1）5月份的混合成本=31 660−200×75−15 000=1 660（元）

12月份的混合成本=24 400−200×42−15 000=1 000（元）

$$b=\frac{1\,660-1\,000}{75-42}=20\text{（元）}$$

a=1 000−20×42=160（元）

Y=160+20X

每月混合成本中有固定成本160元，单位变动成本为20元。

（2）此题有两种解法：

第一种解法：

变动成本=200×90=18 000（元）

固定成本=15 000元

混合成本=160+20×90=1 960（元）

制造费用总额=18 000+15 000+1 960=34 960（元）

第二种解法：

制造费用总额公式为Y=（15 000+160）+（200+20）X，即：

Y=15 160+220X

=15 160+220×90=34 960（元）

预测下年1月份的制造费用总额为34 960元。

5.（1）

利润表（全部成本法）

单位：元

营业收入	161 000
营业成本	91 000
期初存货成本	0
加：本期生产成本	104 000*
减：期末存货成本	13 000**
营业成本合计	91 000
营业毛利	70 000
销售及管理费用	35 000
营业利润	35 000

*104 000=20 000+32 000+24 000+28 000

**13 000=104 000÷4 000×500

利润表（变动成本法）

单位：元

营业收入	161 000
营业变动成本	66 500*
边际贡献	94 500
期间成本	63 000
固定制造费用	28 000
销售及管理费用	35 000
期间成本合计	63 000
营业利润	31 500

*66 500=（20 000+32 000+24 000）÷4 000×3 500

（2）两种方法的利润差额=35 000−31 500=3 500（元）

按照变动成本法，它把28 000元的固定制造费用全额列入了当期利润表。按照全部成本法，其单位固定生产成本为7元（28 000÷4 000），500件期末存货吸收了3 500元固定制造费用，列入利润表的固定制造费用只有24 500元，比变动成本法少列入3 500元。因此，按照全部成本法计算的营业净利润比变动成本法多3 500元。

6.（1）

利润表（变动成本法）　　单位：元

项　目	2020年	2021年	2022年
营业收入	80 000	48 000	96 000
营业变动成本	30 000	18 000	36 000
边际贡献	50 000	30 000	60 000
期间成本			
固定制造费用*	20 000	20 000	20 000
销售及管理费用	15 000	15 000	15 000
期间成本合计	35 000	35 000	35 000
营业利润	15 000	−5 000	25 000

*每期固定制造费用=2×10 000=20 000（元）

（2）2020年两种方法的营业利润差额=0×0−0×0=0

2021年两种方法的营业利润差额=2×4 000−0×0=8 000（元）

其差额为+8 000元，表示按照全部成本法计算的营业利润比变动成本法多8 000元，与利润表结果一致。

2022年两种方法的营业利润差额=2×2 000−2×4 000=−4 000（元）

其差额为−4 000元，表示按照全部成本法计算的营业利润比变动成本法少4 000元，与利润表结果一致。

7.（1）营业收入①=80 000元（与变动成本法相同）

（2）营业毛利④=销售及管理费用+营业利润

=20 000+10 000

=30 000（元）

（3）营业成本合计③=营业收入−营业毛利

=80 000−30 000

=50 000（元）

（4）本期生产成本②=营业成本合计+期末存货成本−期初存货成本

=50 000+10 000−0

=60 000（元）

由于全部成本是60 000元（50 000+10 000），销售成本占$\frac{5}{6}$（50 000÷60 000），期末存货成本占$\frac{1}{6}$（10 000÷60 000），固定制造费用也是按此比重分配的。因此，固定制造费用15 000元由销售产品承担$\frac{5}{6}$，由期末存货承担$\frac{1}{6}$，即：

变动成本法下营业成本中的固定制造费用=15 000×$\frac{5}{6}$=12 500（元）

（5）营业变动成本⑤=营业成本合计-固定制造费用
=50 000-12 500
=37 500（元）

（6）边际贡献⑥=营业收入-营业变动成本
=80 000-37 500
=42 500（元）

（7）销售及管理费用⑦=20 000元（与全部成本法相同）

（8）期间成本合计⑧=固定制造费用+销售及管理费用
=15 000+20 000
=35 000（元）

（9）营业利润⑨=边际贡献-期间成本合计
=42 500-35 000
=7 500（元）

8.（1）按变动成本法计算的营业利润：

2018年营业净利润=（50-30）×800-（4 000+1 000）=11 000（元）
2019年营业净利润=（50-30）×700-（4 000+1 000）=9 000（元）
2020年营业净利润=（50-30）×400-（4 000+1 000）=3 000（元）
2021年营业净利润=（50-30）×200-（4 000+1 000）=-1 000（元）
2022年营业净利润=（50-30）×800-（4 000+1 000）=11 000（元）

（2）期末存货量：

2018年期末存货量=0+800-800=0
2019年期末存货量=0+800-700=100（件）
2020年期末存货量=100+700-400=400（件）
2021年期末存货量=400+300-200=500（件）
2022年期末存货量=500+500-800=200（件）

（3）期末存货中的固定生产成本：

2018年期末存货中的固定生产成本=0

2019年期末存货中的固定生产成本=$\frac{4\,000}{800}$×100=500（元）

2020年期末存货中的固定生产成本=$\frac{4\,000}{700}$×400=2 286（元）

2021年期末存货中的固定生产成本=4 000+$\frac{4\,000}{700}$×（500-300）=5 143（元）

2022年期末存货中的固定生产成本=$\frac{4\,000}{500}$×200=1 600（元）

（4）两种成本法下的营业利润差额计算如下：

单位：元

年　份	期末存货中的固定成本	期初存货中的固定成本	利润差额
2018	0	0	0
2019	500	0	500
2020	2 286	500	1 786
2021	5 143	2 286	2 857
2022	1 600	5 143	−3 543

（5）全部成本法下的营业利润（变动成本法下的营业利润+利润差额）：

2018 年全部成本法下的营业利润=11 000+0=11 000（元）

2019 年全部成本法下的营业利润=9 000+500=9 500（元）

2020 年全部成本法下的营业利润=3 000+1 786=4 786（元）

2021 年全部成本法下的营业利润=−1 000+2 857=1 857（元）

2022 年全部成本法下的营业利润=11 000+（−3 543）=7 457（元）

9.根据变动成本和固定成本的特点填入数据如下：

利润表

单位：元

项　目	2021 年	2022 年
营业收入	200 000	300 000
营业成本		
直接材料	40 000	60 000
直接人工	50 000	75 000
变动制造费用	20 000	30 000
固定制造费用	50 000	50 000
营业毛利	40 000	85 000
销售及管理费用		
变动部分	16 000	24 000
固定部分	14 000	14 000
营业利润	10 000	47 000

10.（1）计算全部成本法下的期末存货成本：

期末存货数量=期初存货数量+本期生产数量−本期销售数量=300+4 500−4 000=800（件）

期末存货单位成本应为本期生产产品的单位成本。

本期产品单位固定生产成本=本期固定制造费用÷本期生产数量=22 500÷4 500=5（元）

本期产品单位成本（全部成本法下）=单位产品成本（变动成本法下）+单位固定生产成本

=40+5=45（元）

期末存货成本=期末存货单位成本×期末存货数量

=45×800=36 000（元）

（2）计算全部成本法下的本期营业利润：

变动成本法下营业净利润=营业收入-变动生产成本-期间成本

=4 000×80-4 000×40-（22 500+30 000）=107 500（元）

期末存货吸收的固定制造费用=期末存货数量×单位固定制造费用=800×5=4 000（元）

期初存货释放的固定制造费用=期初存货数量×单位固定制造费用=300×5=1 500（元）

$$\begin{matrix}\text{全部成本法下}\\\text{营业净利润}\end{matrix}=\begin{matrix}\text{变动成本法下}\\\text{营业净利润}\end{matrix}+\begin{matrix}\text{期末存货吸收的}\\\text{固定制造费用}\end{matrix}-\begin{matrix}\text{期初存货释放的}\\\text{固定制造费用}\end{matrix}$$

$$=107\,500+4\,000-1\,500=110\,000(\text{元})$$

11.（1）全部成本法下的单位产品成本：

总成本=直接材料+直接人工+变动制造费用+固定制造费用

=20 000+15 000+20 000+20 000=75 000（元）

$$\text{单位产品成本}=\frac{\text{总成本}}{\text{生产量}}=\frac{75\,000}{5\,000}=15（\text{元}）$$

（2）变动成本法下的单位产品成本：

总成本=直接材料+直接人工+变动制造费用

=20 000+15 000+20 000=55 000（元）

$$\text{单位产品成本}=\frac{\text{总成本}}{\text{生产量}}=\frac{55\,000}{5\,000}=11（\text{元}）$$

（3）分别按两种方法编制利润表：

变动成本率=单位变动成本÷销售单价×100%

销售单价=单位变动成本÷变动成本率=11÷55%=20（元）

编制利润表如下：

传统式利润表

单位：元

项　目	金　额
营业收入（20×4 000）	80 000
营业成本	
期初存货成本	0
本期生产成本（15×5 000）	75 000
可供销售产品成本	75 000
减：期末存货成本（15×1 000）	15 000
营业成本合计	60 000
营业毛利	20 000
减：销售及管理费用	10 000
营业利润	10 000

贡献式利润表

单位：元

项　目	金　额
营业收入（20×4 000）	80 000
营业变动成本	
变动生产成本（11×4 000）	44 000
边际贡献	36 000
固定成本	
固定制造费用	20 000
固定销售及管理费用	10 000
固定成本合计	30 000
营业利润	6 000

（4）营业利润差额=10 000−6 000=4 000（元）

验算：$\frac{\text{两种方法下}}{\text{营业利润差额}}=\frac{\text{期末存货单位}}{\text{固定生产成本}}\times\frac{\text{期末存货}}{\text{数量}}-\frac{\text{期初存货单位}}{\text{固定生产成本}}\times\frac{\text{期初存货}}{\text{数量}}$

期初存货数量=0

两种方法下营业利润差额=期末存货单位固定生产成本×期末存货数量

$=\frac{\text{固定生产成本总额}}{\text{生产量}}\times$期末存货数量

$=\frac{20\,000}{5\,000}\times$（0+5 000−4 000）

=4 000（元）

12.作业成本法下作业成本分配计算见下表（金额单位：元）：

作业中心	作业动因数			作业成本	分配率	分配作业成本	
	A产品	B产品	合计			A产品	B产品
质量检验	5次	15次	20次	4 000	200	1 000	3 000
订单处理	30份	10份	40份	4 000	100	3 000	1 000
机器运行	200小时	800小时	1 000小时	40 000	40	8 000	32 000
设备调整准备	6次	4次	10次	2 000	200	1 200	800
合计	—	—	—	50 000		13 200	36 800

作业成本法下：

A产品单位产品成本 = 40 + 50 + 13 200 ÷ 100 = 222（元）

B产品单位产品成本 = 30 + 80 + 36 800 ÷ 200 = 294（元）

完全成本法下（制造费用按机器小时分配）：

制造费用分配率 = 50 000 ÷ （100 × 2+200 × 4） = 50（元/小时）

A产品分摊的制造费用 = 100 × 2 × 50 = 10 000（元）

B产品分摊的制造费用 = 200 × 4 × 50 = 40 000（元）

A、B 两种产品的单位产品成本：

A产品的单位产品成本 = 40 + 50 + 10 000 ÷ 100 = 190（元）

B产品的单位产品成本 = 30 + 80 + 40 000 ÷ 200 = 310（元）

13.（1）传统成本计算方法下（制造费用按耗用工时分配）：

分配率 = 875 000 ÷ （10 000 + 40 000） = 17.5（元）

A产品应分配的制造费用 = 17.5 × 10 000 = 175 000（元）

B产品应分配的制造费用 = 17.5 × 40 000 = 700 000（元）

A产品的单位制造费用 = 175 000 ÷ 5 000 = 35（元）

B产品的单位制造费用 = 700 000 ÷ 20 000 = 35（元）

A产品的单位产品成本 = 25 + 10 + 35 = 70（元）

B产品的单位产品成本 = 15 + 10 + 35 = 60（元）

作业成本法下：

A产品的单位产品成本 = 25 + 10 + 69.16 = 104.16（元）

B产品的单位产品成本 = 15 + 10 + 26.46 = 51.46（元）

（2）传统成本计算方法下的利润：

A产品的利润 = （120 − 70）× 5 000 = 50 × 5 000 = 250 000（元）

B产品的利润 = （65 − 60）× 20 000 = 5 × 20 000 = 100 000（元）

作业成本法下：

A产品的利润 =（120 − 104.16）× 5 000 = 15.84 × 5 000 = 79 200（元）

B产品的利润 =（65 − 51.46）× 20 000 = 13.54 × 20 000 = 270 800（元）

14.（1）制造费用 = 15 000 + 8 000 + 10 000 + 12 000 + 5 000 = 50 000（元）

（2）A产品的直接成本 = 10 000 + 2 000 + 2 000 = 14 000（元）

B产品的直接成本 = 12 000 + 3 000 = 15 000（元）

间接成本 = 50 000 − 2 000 = 48 000（元）

第三章　成本-业务量-利润依存关系分析

一、名词解释

1.保本点是指企业收入和成本相等的经营状态，即边际贡献等于固定成本时，企业所处的既不盈利又不亏损的状态。通常，用一定的业务量来表示这种状态。

2.边际贡献又称边际利润，是指销售收入减去变动成本以后的差额。

3.安全边际是指企业实际（预计）销售量（额）超过保本点销售量（额）的差额。它表明企业的销售量（额）下降多少仍不致发生亏损，即安全边际数值越大，企业发生亏损的可能性越小，企业的生产经营活动就越安全。

4.利润敏感性分析主要是研究有关因素发生多大变化会使盈利转为亏损，以及各因素变化对利润的影响程度。

二、填空题

1.利润　固定成本

2.安全边际率

3.固定成本+目标利润

4.40%　10%

三、单项选择题

1.B　2.C　3.B　4.D　5.B　6.C　7.B　8.A　9.C　10.B　11.C　12.A　13.C　14.B　15.C　16.A　17.B　18.B　19.A　20.B　21.C　22.D　23.A　24.D

四、多项选择题

1.ABCD　2.ABCDE　3.ABCD　4.ABCDE　5.ABCD　6.AD　7.ADE　8.ADE　9.BC　10.AE　11.ABCE　12.ABCDE　13.DE　14.BDE　15.ABCE　16.DE　17.ABC　18.ABC　19.ACE

五、判断题

1.√　2.√　3.×　4.√　5.×　6.√　7.×　8.√　9.×　10.×　11.×　12.×　13.√　14.√　15.×　16.√

六、简答题

1.影响保本点的因素有：①单价；②单位变动成本；③固定成本。

2.影响利润的因素有：①单价；②单位变动成本；③固定成本；④产品品种构成；⑤销售量。

除此之外，企业在决策每一项生产经营问题时，都应事先分析所采取的行动对利润有何影响。如果采取的行动产生的收益大于它所引起的支出，增加了企业的盈利，则这项行动是可取的；反之，则是不可取的。这就要求企业在决策前，要分析各种经济因素对利润的影响。一般情况下，主要有以下三种情况：

（1）单项因素发生变化时，测定对利润的影响，预计未来期间的利润。

（2）由于企业内部采取某项行动，将使有关因素发生变动时测定其对利润的影响，作为评价该行动合理性的尺度。

（3）各因素综合变动对利润影响的分析。

3.实现目标利润的措施：

为了保证实现目标利润，应当研究如何利用企业现有资源，合理安排产销、收入和成本支出，以实现特定利润，也就是分析实现目标利润的措施。

（1）采取单项措施以实现目标利润：

从以下几个方面着手，采取相应的措施：减少固定成本；减少单位变动成本；提高价格；增加销售量。

（2）采取综合措施以实现目标利润：

在生产经营活动中，影响利润的因素是多方面的，而且各因素之间是相互联系的，因此企业很少采取单项措施来提高利润，多数情况下都采取综合措施，以实现目标利润，主要有：计算降价后实现目标利润所需要的销售量；计算既定销售量下实现目标利润所需要的单位变动成本；计算既定产销量和单位变动成本下实现目标利润所需要的固定成本。

4.（1）固定成本与利润反方向变动。

（2）单位变动成本与利润反方向变动。

（3）销售量与利润同方向变动。

（4）单价与利润同方向变动。

七、计算分析题

1.（1）单位变动生产成本=$\frac{20\,000+10\,000+8\,000}{2\,000}$=19（元）

2021年保本销售量=$\frac{22\,000+26\,000}{51-19}$=1 500（件）

2021年保本销售额=1 500×51=76 500（元）

（2）2021年安全边际量=2 000−1 500=500（件）

2021年安全边际率=$\frac{5\,00}{2\,000}$×100%=25%

安全边际率为25%，表明该企业经营安全程度处于“较安全”区域。

（3）2022年保本销售量=$\frac{22\,000+(26\,000+12\,800)}{51-19}$=1 900（件）

2.（1）实现40 000元目标利润的销售量=$\frac{80\,000+40\,000}{100-60}$=3 000（件）

（2）实现税后利润37 500元的销售额=$\frac{80\,000+\frac{37\,500}{1-25\%}}{100-60}$×100=325 000（元）

3.变动后的单价=80×（1−10%）=72（元/件）

变动后的销售量=1 500×（1+20%）=1 800（件）

变动后的单位变动成本=50×（1−20%）=40（元）

变动后的固定成本=30 000+10 000=40 000（元）

2022年可实现的利润=72×1 800−40×1 800−40 000=17 600（元）

4.（1）2021年实现利润=25×5 000−17×5 000−20 000=20 000（元）

2022年目标利润=20 000×（1+20%）=24 000（元）

已知：p=25，x=5 000，a=20 000，P=24 000，求b=?

$b=p-\frac{a+P}{x}$

$=25-\frac{20\,000+24\,000}{5\,000}$=16.2（元）

单位变动成本应降低的百分比=$\frac{17-16.2}{17}$×100%≈4.71%

（2）已知p=22，b=17，a=20 000，P=24 000，求x=?

$x=\frac{a+P}{p-b}$

$=\frac{20\,000+24\,000}{22-17}$=8 800（件）

销售量应达到8 800件才能使利润增长20%。

5.（1）变动成本=120 000×60%=72 000（元）

固定成本=120 000−72 000−28 000=20 000（元）

单位变动成本=30×60%=18（元）

2022年保本销售量=$\frac{20\,000}{30-18}$≈1 667（件）

（2）2021年销售量=$\frac{120\ 000}{30}$=4 000（件）

2022年利润=30×4 000×（1+15%）−18×4 000×（1+15%）−20 000

=35 200（元）

若2022年将销售量提高15%，则可获得35 200元的利润。

6.（1）本年度销售收入=$\frac{20\ 000}{1-60\%}$=50 000（元）

本年度利润=50 000×20%=10 000（元）

（2）安全边际率=$\frac{销售利润率}{边际贡献率}$×100%=$\frac{20\%}{60\%}$×100%≈33.33%

安全边际额=50 000×33.33%=16 665（元）

（3）固定成本=50 000−20 000−10 000=20 000（元）

保利销售额=$\frac{20\ 000+40\ 000}{60\%}$=100 000（元）

7.（1）甲产品边际贡献率=$\frac{900-720}{900}$×100%=20%

乙产品边际贡献率=$\frac{2\ 000-1\ 800}{2\ 000}$×100%=10%

丙产品边际贡献率=$\frac{1\ 000-600}{1\ 000}$×100%=40%

丁产品边际贡献率=$\frac{3\ 000-2\ 100}{3\ 000}$×100%=30%

项　　目	甲产品	乙产品	丙产品	丁产品	合　　计
销售收入（元）	36 000	160 000	20 000	180 000	396 000
销售收入比重	9.09%	40.40%	5.05%	45.46%	100%
边际贡献率	20%	10%	40%	30%	
加权边际贡献率	1.82%	4.04%	2.02%	13.64%	21.52%

（2）保本销售额=$\frac{43\ 040}{21.52\%}$=200 000（元）

甲产品保本销售额=200 000×9.09%=18 180（元）

乙产品保本销售额=200 000×40.40%=80 800（元）

丙产品保本销售额=200 000×5.05%=10 100（元）

丁产品保本销售额=200 000×45.46%=90 920（元）

（3）预计利润=安全边际额×边际贡献率

=（396 000−200 000）×21.52%=42 179.2（元）

8.（1）边际贡献率=1−变动成本率=1−50%=50%

单位销售价格=40÷50%=80（元）

保本作业率=1−安全边际率=1−30%=70%

保本销售量=300×70%=210（件）

保本销售额=80×210=16 800（元）

（2）安全边际量=销售量×安全边际率=300×30%=90（件）

税前利润=安全边际量×单位边际贡献=90×40=3 600（元）

9.（1）∵ px−bx−a=P　　∴ bx=px−a−P

∴ bx=50 000−10 000−10 000=30 000（元）

Tcm=px−bx=50 000−30 000=20 000（元）

又∵ Tcm=cm·x

∴ x=Tcm÷cm=20 000÷4=5 000（件）

（2）∵ cm·x−a=P

∴ a=cm·x−P=3×8 000−9 000=15 000（元）

∵ px−bx−a=P

∴ px=P+bx+a

∴ px=9 000+ 40 000+15 000=64 000（元）

（3）∵ px−bx−a=P　　∴ bx=px−a−P

∴ bx=45 000−18 000−（−3 000）=30 000（元）

Tcm=px−bx=45 000−30 000=15 000（元）

又∵ Tcm=cm·x

∴ cm=Tcm÷x=15 000÷3 000=5（元）

（4）∵ px−bx−a=P

∴ P=81 000−45 000−20 000=16 000（元）

Tcm=px−bx=81 000−45 000=36 000（元）

又∵ Tcm=cm·x

∴ cm=Tcm÷x=36 000÷9 000=4（元）

10.（1）px·cmR−a=P

∴ a=px·cmR−P=180 000×40%−12 000=60 000（元）

px−bx−a=P

∴ bx=px−a−P=180 000−60 000−12 000=108 000（元）

（2）px−bx−a=P

∴ P=300 000−165 000−100 000=35 000（元）

$$cmR=\frac{px-bx}{px}\times100\%=\frac{300\,000-165\,000}{300\,000}\times100\%=45\%$$

（3）px·cmR−a=P

$$\therefore px=\frac{P+a}{cmR}=\frac{(-5\,000)+80\,000}{30\%}=250\,000\text{（元）}$$

px−bx−a=P

∴ bx=px−a−P=250 000−80 000−（−5 000）=175 000（元）

（4）px−bx−a=P

∴ a=px−bx−P=400 000−260 000−30 000=110 000（元）

$$cmR=\frac{px-bx}{px}\times100\%=\frac{400\,000-260\,000}{400\,000}\times100\%=35\%$$

11.（1）cm=13.5−12=1.5（元）

$$x=\frac{a}{cm}=\frac{100\,000+20\,000}{1.5}=80\,000\text{（件）}$$

（2）原利润P=（p−b）x−a

=（15−12）×40 000−100 000=20 000（元）

20 000×（1+5%）=x·（13.5−12）−120 000

$x=94\ 000$（件）

12.（1）$cmR=\frac{3}{10}\times100\%=30\%$

$y_0=\frac{a}{cmR}$

$\therefore a=y_0\cdot cmR=40\ 000\times30\%=12\ 000$（元）

（2）$cmR=\frac{p-b}{p}$

其中：直接人工=2×（1+20%）=2.4（元）

$\therefore b=3+2.4+2=7.4$（元）

$p=\frac{b}{1-cmR}=7.4\div(1-30\%)=10.57$（元）

$p-10=0.57$（元）

故单价应提高0.57元。

13.（1）、（2）的相关计算过程如下：

$\because$ 保本销售额 $y_0=\frac{a}{cmR}$

$\therefore a=y_0\cdot cmR=75\ 000\cdot cmR$ ①

又 $\because (a+8\ 000)=(75\ 000+10\ 000)\cdot cmR$ ②

解①、②联立的方程组，得：

$$\begin{cases}a=60\ 000\\cmR=80\%\end{cases}$$

$\therefore bR=1-cmR=1-80\%=20\%$

即变动成本占销售额的20%，最初时的固定成本为60 000元。

（3）固定成本a增加幅度$=\frac{8\ 000}{60\ 000}\times100\%=13.33\%$

保本销售额增加幅度$=\frac{10\ 000}{75\ 000}\times100\%=13.33\%$

14. 销售利润率$=MSR\cdot cmR$

$\therefore cmR=16\%\div80\%=20\%$

保本销售额 $y_0=\frac{a}{cmR}=10\ 000\div20\%=50\ 000$（元）

15. $\because px\cdot bR=bx$

$\therefore bR=50\%$（由 $y=50\ 000+50\%x$ 得出）

$a=50\ 000$元

$\therefore$ 保本销售额 $y_0=\frac{a}{cmR}=\frac{50\ 000}{1-bR}$

$\therefore y_0=\frac{50\ 000}{1-50\%}=100\ 000$（元）

$x_0=\frac{y_0}{p}=100\ 000\div8=12\ 500$（件）

16. $\because px=150\ 000$元　又 $\because p=40$元/件

$\therefore x=\frac{px}{p}=\frac{150\ 000}{40}=3\ 750$（件）

$\because px-bx-a=P$

$\therefore 150\ 000-3\ 750b-a=12\ 000$ ①

根据计划年度的资料：

$\because px-bx-a=P$

$\therefore 150\,000\times(1-10\%)-3\,750\times(1-10\%)b-a=12\,000\times(1-75\%)$ ②

解①、②联立的方程组，得：

$$\begin{cases}a=78\,000\\b=16\end{cases}$$

$\therefore$ 保本销售量 $x_0=\dfrac{a}{p-b}=\dfrac{78\,000}{40-16}=3\,250$（件）

17.（1）$\because px=\dfrac{bx}{bR}=\dfrac{84\,000}{80\%}=105\,000$（元）

$\therefore x=px\div p=105\,000\div 10=10\,500$（件）

$\because P=px-bx-a$

$\therefore a=px-bx-P$

$\therefore$ 去年固定成本 $a=105\,000-84\,000-11\,000=10\,000$（元）

今年固定成本 $a=10\,000+2\,000=12\,000$（元）

（2）保本销售量 $x_0=\dfrac{a}{p-b}=\dfrac{12\,000}{10-\dfrac{84\,000}{10\,500}}=6\,000$（件）

保本销售额 $y_0=px_0=10\times 6\,000=60\,000$（元）

（3）$b=10\times 80\%=8$（元）

$x=\dfrac{P+a}{p-b}=\dfrac{20\,000+12\,000}{10-8}$

$=16\,000$（件）

$px=10\times 16\,000=160\,000$（元）

（4）今年销售量 $x=10\,500\times(1+20\%)=12\,600$（件）

$P=px-bx-a$

$=10\times 12\,600-8\times 12\,600-12\,000=13\,200$（元）

18.（1）$\because y=180+50\%x$

$$\therefore\begin{cases}bR=50\%\\a=180\end{cases}$$

$\because bR=\dfrac{b}{p}$

$\therefore b=bR\cdot p=50\%\times 8=4$（元）

$\therefore$ 保本销售量 $=\dfrac{a}{p-b}=\dfrac{180}{8-4}=45$（件）

（2）安全边际量 $=100-45=55$（件）

安全边际额 $=55\times 8=440$（元）

安全边际率 $=\dfrac{55}{100}\times 100\%=55\%$

（3）$\because P=$ 安全边际量 $\times cm$

$cm=p-b=8-4=4$（元）

$\therefore$ 安全边际量 $=\dfrac{P}{cm}=\dfrac{800}{4}=200$（件）

$\because$ 安全边际量=目标利润为800元时的销售量-保本销售量

$\therefore$ 200=目标利润为800元时的销售量-45

∴目标利润为800元时的销售量=200+45=245（件）

（4）若b提高1元，则b=4+1=5（元）。

∵ P=px−bx−a

$$\therefore p=\frac{P+bx+a}{x}$$

$$=\frac{200+5\times245+180}{245}$$

=6.55（元）

（5）b=4×（1−10%）=3.6（元）

a=180+114=294（元）

保本销售量$=\frac{a}{p-b}=\frac{294}{6-3.6}$=122.5≈123（件）

cm=p−b=6−3.6=2.4（元）

∵ P=安全边际量×cm

∴安全边际量$=\frac{P}{cm}=\frac{126}{2.4}$=52.5≈53（件）

∵安全边际量=目标利润为126元的销售量−保本销售量

∴目标利润为126元的销售量=安全边际量+保本销售量=52.5+122.5=175（件）

∴取得目标利润126元的销售额=px=175×6=1 050（元）

19.方案一：

p=10−0.5=9.5（元）

x=2 000×（1+35%）=2 700（件）

P_1=（p−b）x−a

=（9.5−6）×2 700−3 000=6 450（元）

方案二：

a=3 000+500=3 500（元）

x=2 000×（1+20%）=2 400（件）

P_2=（p−b）x−a

=（10−6）×2 400−3 500=6 100（元）

$P_2<P_1$，可见方案一较为有利。

20.（1）保本销售量$x_0=\frac{a}{p-b}$

∵ a=102 000+25 000=127 000（元）

b=15元

$\therefore x_0=\frac{127\ 000}{19-15}$=31 750（件）

（2）原利润P=（20−15）×45 000−102 000=123 000（元）

设销售x件产品才能使利润增长5%，则：

123 000×（1+5%）=（19−15）x−127 000

x=64 037.5≈64 038（件）

故在销售价格和固定成本改变后，至少销售64 038件产品，才能使利润比之前增加5%。

21.∵损益平衡　∴保本点销售额$y_0=\frac{a}{cmR}=\frac{a}{1-bR}$

$\therefore 80\ 000=\frac{a}{cmR}$ ①

当固定成本增加6 000元，即为a+6 000时，y_0=80 000+15 000=95 000（元）。

$\therefore 95\ 000=\frac{a+6\ 000}{cmR}$ ②

解①、②联立的方程组，得：

$$\begin{cases} cmR=40\% \\ a=32\ 000 \end{cases}$$

计算可得：

（1）bR=1-cmR=1-40%=60%

（2）最初时的固定成本 a=32 000元

（3）固定成本增加幅度$=\frac{6\ 000}{32\ 000}\times100\%=18.75\%$

保本销售额增加幅度$=\frac{15\ 000}{80\ 000}\times100\%=18.75\%$

22.（1）保本销售量 $x_0=\frac{10\ 000}{30-22}=1\ 250$（件）

（2）设销售量为x件时，其销售利润率为25%，则：

30×25%x=（30-22）x-10 000

x=20 000（件）

（3）设销售量为y件时，该产品可实现利润4 000元，则：

4 000=（30-22）y-10 000

y=1 750（件）

23.（1）由于bR不变，则：

$cmR=1-\frac{40\ 000}{100\ 000}\times100\%=60\%$

当固定成本增加10 000元时，保本销售额为：

$y_0=\frac{80\ 000+10\ 000}{60\%}=150\ 000$（元）

（2）设销售收入为s，则：

0.6s-90 000=6 000

s=160 000（元）

销售收入应该为160 000元。

24.（1）加权平均边际贡献率$cmR=\frac{2\times50\ 000\times20\%+10\times30\ 000\times10\%}{50\ 000\times2+30\ 000\times10}\times100\%$

$=12.5\%$

①保本销售额$y_0=\frac{a}{cmR}=\frac{45\ 000}{12.5\%}=360\ 000$（元）

②甲产品销售收入占总销售收入的比重$=\frac{50\ 000\times2}{400\ 000}\times100\%=25\%$

乙产品销售收入占总销售收入的比重$=\frac{30\ 000\times10}{400\ 000}\times100\%=75\%$

∴甲产品的保本销售量 $x_{0甲}$=360 000×25%÷2=45 000（件）

乙产品的保本销售量 $x_{0乙}$=360 000×75%÷10=27 000（件）

③安全边际额=正常销售收入-保本销售额

=400 000-360 000=40 000（元）

④预计利润 $P=px\cdot cmR-a$

$\therefore P=400\ 000\times12.5\%-45\ 000=5\ 000$（元）

（2）增加广告费5 000元后的 $cmR=\dfrac{60\ 000\times20\%\times2+20\ 000\times10\%\times10}{60\ 000\times2+20\ 000\times10}\times100\%$

$=13.75\%$

$\therefore$ 保本销售额 $y_0=\dfrac{a}{cmR}=$（45 000+5 000）÷13.75%

=363 636.36（元）

$P=320\ 000\times13.75\%-50\ 000=-6\ 000$（元）

∴采取这一措施不合算。

25.（1）∵每"联合单位"中A、B产品数量比为2∶1

∴联合 $p=2\times20+1\times15=55$（元）

联合 $b=2\times14+1\times12=40$（元）

$\therefore$ 保本销售量 $x_0=\dfrac{a}{p-b}=\dfrac{600\ 000}{55-40}=40\ 000$（个联合单位）

① 保本销售额 $y_0=40\ 000\times55=2\ 200\ 000$（元）

② 预计利润 $P=px-bx-a$

$=(55-40)\times60\ 000-600\ 000=300\ 000$（元）

（2）品种结构改变后：

联合 $p=1\times20+2\times15=50$（元）

联合 $b=1\times14+2\times12=38$（元）

∵销售总额不变

∴联合单位销售量=55×60 000÷50=66 000（个联合单位）

销售量 $x_{0A}=66\ 000\times1=66\ 000$（件）

销售量 $x_{0B}=66\ 000\times2=132\ 000$（件）

$\therefore$ 保本销售量 $=\dfrac{600\ 000}{50-38}=50\ 000$（个联合单位）

① 保本销售额=50×50 000=2 500 000（元）

② 预计利润=（50−38）×66 000−600 000=192 000（元）

第四章 预测分析

一、名词解释

1.目标成本是指在一定时期内产品成本应达到的标准。它的形式可以是"标准成本""计划成本""定额成本"，但不论怎样，都是要经过全体职工的积极努力才能实现的成本。

2.销售百分比法就是根据资金各个项目与销售收入总额之间的依存关系，按照计划期销售额的增长情况来预测需要相应地追加多少资金的方法。

二、填空题

1.决策　预测

2.销售

3.$0\leqslant\alpha\leqslant1$　大

4.销售预测分析　成本预测分析　资金需要量预测分析

5.趋势预测分析法　因果预测分析法　判断分析法　调查分析法

三、单项选择题

1.C　2.D　3.B　4.A

四、多项选择题

1.AD　2.AC　3.ABC　4.ABCD　5.BCD　6.BCD　7.ABCD

五、判断题

1.√　2.×　3.×　4.×　5.×　6.√　7.√　8.×　9.√　10.√　11.×　12.√

六、简答题

1.预测分析是决策分析的基础和依据，是计划工作的最重要的基本假设和前提。因此，预测的范围十分广泛，不同的部门、不同的目的，有不同的预测内容。就管理会计而言，预测分析的基本内容主要包括以下几个方面：

（1）销售预测分析。销售是企业的重要经营活动，关系到企业目标利润的实现和市场需求的满足。在市场经济条件下，销售预测分析具有极为重要的意义，主要包括市场需求和企业销售量或销售额的预测分析。

（2）成本预测分析。产品成本是反映企业经营管理水平的综合性指标，降低成本是提高经济效益的重要途径。因此，成本预测分析作为成本管理的重要内容，是补偿生产消耗、制定价格的重要依据，是决策、计划和核算经济效果的基础，主要包括目标成本、成本降低目标及保证程度等预测分析。

（3）资金需要量预测分析。我国企业改革的方向是建立现代企业制度，使企业成为真正的法人单位。企业的目标是实现财产增值和所有者财富最大化，为实现这一目标，企业要进行资本运营。资金需要量预测分析是资本运营，即资金筹集、分配、使用与控制的基础和前提，主要包括固定资产和流动资产需要总量及追加资金需要量的预测。

2.销售百分比法就是根据资产负债表各个项目与销售收入总额之间的依存关系，按照计划期销售额的增长情况来预测需要相应地追加多少资金的方法。销售百分比法一般按以下三个步骤进行：

（1）分析基期资产负债表各个项目与销售收入总额之间的依存关系。

资产类项目——周转中的货币资金、正常的应收账款和存货等流动资产项目，一般都会因销售额的增长而相应地增加。而固定资产是否要增加，则需视基期的固定资产是否已被充分利用而定。

负债与权益类项目——应付账款、应付票据、应交税费等流动负债项目，通常会因销售的增长而自动增加。而非流动负债和股东权益等项目，则不随销售的增长而增加。

此外，计划期所提取的折旧准备（应减除计划期用于更新改造的金额）和留存收益两项目，通常可作为计划期内需要追加资金的内部资金来源。

（2）将基期的资产负债表各项目用销售百分比的形式另行编表。

（3）按公式计算计划期预计需要追加的资金数额。

计划期预计需要追加的资金数额= $\left(\frac{A}{S_0}-\frac{L}{S_0}\right)(S_1-S_0)-D_1-S_1R_0(1-d_1)+M_1$

七、计算分析题

1.

年 份	结婚人数x	销售量y	x·y	x^2
2018	8	50	400	64
2019	7	45	315	49
2020	10	60	600	100
2021	9	54	486	81
合 计	34	209	1 801	294

$b=\frac{n\sum xy-\sum x\sum y}{n\sum x^2-(\sum x)^2}=\frac{4\times 1\,801-34\times 209}{4\times 294-34^2}=4.9$（千件）

$a=\frac{\sum y-b\sum x}{n}=\frac{209-4.9\times 34}{4}=10.6$（千件）

$y=10.6+4.9x$

$y_{2022}=10.6+4.9\times 11=64.5$（千件）

预测销售量=64.5×20%+0.8=13.7（千件）

预测该厂2022年双人床的销售量可达13.7千件。

2.2021年销售利润率= $\frac{42\,500}{850\,000}\times 100\%=5\%$

2021年股利发放率= $\frac{17\,000}{42\,500}\times 100\%=40\%$

2022年销售收入增长率 $K=\frac{1\,000\,000-850\,000}{850\,000}\times 100\%\approx 17.65\%$

A=20 000+150 000+200 000=370 000（元）

L=100 000+80 000=180 000（元）

D=60 000×（1−80%）=12 000（元）

R=1 000 000×5%×（1−40%）=30 000（元）

M=20 000元

ΔF=K·（A−L）−D−R+M

=17.65%×（370 000−180 000）−12 000−30 000+20 000

=11 535（元）

预测2022年需要追加资金11 535元。

3.∵ $\sum aW$=24 000×1+26 000×2+27 500×3+28 000×4+27 000×5+26 000×6

=561 500（元）

$\sum bW$=25×1+26×2+24×3+24×4+21×5+19×6

=464（元）

$\sum W$=1+2+3+4+5+6=21

∴ $\bar{a}=\frac{\sum aW}{\sum W}=\frac{561500}{21}\approx 26\,738$（元）

$\bar{b}=\frac{\sum bW}{\sum W}=\frac{464}{21}\approx 22$（元）

∴ 预测模型$y=\bar{a}+\bar{b}x=26\ 738+22x$

$y_7=26\ 738+22\times 20=27\ 178$（元）

单位成本=27 178÷20=1 358.9（元）

7月份生产20台时的总成本为27 178元，单位成本为1 358.9元。

4.（1）高低点法：

根据历史资料可知：

最高点坐标（x_1，y_1）：（400，388 000）

最低点坐标（x_2，y_2）：（200，240 000）

$b=\frac{y_1-y_2}{x_1-x_2}=\frac{388\ 000-240\ 000}{400-200}=740$（元）

$a=y_1-bx_1=388\ 000-740\times 400=92\ 000$（元）

总成本$y=92\ 000+740x$

2022年预计产量为450台时：

总成本$y=92\ 000+740\times 450=425\ 000$（元）

单位成本=425 000÷450=944.44（元）

（2）加权平均法（自然权数法）：

设$W_1=1$，$W_2=2$，$W_3=3$，$W_4=4$，$W_5=5$，则：

总成本$y=\frac{\sum a_t W_t}{\sum W}+\frac{\sum b_t W_t}{\sum W}x$

$\bar{a}=\frac{86\ 000\times 1+88\ 000\times 2+90\ 000\times 3+89\ 000\times 4+92\ 000\times 5}{5\times(5+1)\div 2}$

$=89\ 866.67$（元）

$\bar{b}=\frac{756\times 1+760\times 2+750\times 3+725\times 4+740\times 5}{5\times(5+1)\div 2}$

$=741.73$（元）

总成本$y=89\ 866.67+741.73x$

2022年预计产量为450台时：

总成本$y=89\ 866.67+741.73\times 450=423\ 645.17$（元）

单位成本=423 645.17÷450=941.43（元）

第五章 决策分析的相关指标

一、名词解释

1.货币时间价值是作为资本使用的货币在其被运用的过程中随时间推移而带来的增值部分，其实质是剩余价值的转化形式。

2.现金流量是指投资项目在其计算期内因资本循环而可能或应该发生的各项现金流入和现金流出的统称。

3.现金净流量是指在项目计算期内每年现金流入量与当年现金流出量差额的序列数。建设期内发生的主要是投资支出，现金净流量一般为负值。在生产经营期内，现金净流量一般为正值。

4.年金是指在一定时期内每隔相同时间就发生相同数额的系列收付款项。年金包括普通年金、先付年金、递延年金和永续年金等多种形式。其中，普通年金应用最为广泛。

5.机会成本原是经济学术语，它以经济资源的稀缺性和多种选择机会的存在为前提，是指在经济决策中应由中选的最优方案负担的，按所放弃的次优方案潜在收益计算的那部分机会损失。

6.增量成本是指由于业务量增加而增加的变动成本。在一定条件下，某一决策方案的增量成本就是该方案的相关变动成本。在短期经营决策中，增量成本是较为常见的相关成本。

7.边际成本是指当业务量增加一个经济单位所引起的成本增加额。在相关范围内，边际成本实质上就是单位变动成本。

8.重置成本是指某项现有的资产在市场上出售的现时价值，也就是一项资产在市场上的重新评估价值。

9.付现成本又称现金支出成本或付现的营运成本，是指在决策方案开始实施时，立即用现金支付的成本或现金付款的营运成本。

10.专属成本是指那些能够明确归属于特定决策方案的固定成本或混合成本。它往往是为了弥补生产能力不足的缺陷，增加有关设备而发生的。专属成本的确认与取得有关设备的方式有关。

11.可延缓成本是指在短期经营决策中，对其暂缓开支不会对企业未来的生产经营产生重大不利影响的那部分成本。可延缓成本是决策中必须考虑的相关成本。

12.沉没成本是指由于过去决策结果而引起并已经实际支付过款项的成本。企业大多数固定成本均属于沉没成本，但并不是说所有的固定成本都属于沉没成本，如与决策有关的新增固定资产的折旧费就不是沉没成本，而是与决策相关的成本。

13.共同成本是指与专属成本相对立的成本，是指应当由多个方案共同负担的固定成本或混合成本。

14.不可延缓成本是与可延缓成本相对立的成本，是指在短期经营决策中，若对其暂缓开支就会对企业未来的生产经营产生重大不利影响的那部分成本。

二、填空题

1.该年税后净利+该年折旧+该年摊销额+该年利息费用+该年回收额

2.建设投资　垫付的流动资金　付现的经营成本　支付的各项税款

3.营业收入　回收的固定资产残值　回收的流动资金

三、单项选择题

1.B　2.D　3.C　4.A　5.C　6.B　7.A　8.D　9.D　10.D

四、多项选择题

1.BCD　2.ABD　3.AB　4.BC　5.CD　6.ACD　7.ABD　8.AC

五、判断题

1.√　2.√　3.√　4.×　5.√　6.×　7.×　8.√　9.×　10.×　11.×　12.√　13.×　14.×　15.√　16.×　17.√　18.√　19.×　20.√　21.√　22.√

六、简答题

1.年金是指在一定时期内每隔相同时间就发生相同数额的系列收付款项。

年金一般应同时具备下列三个条件：（1）等额性。各期发生的款项必须是相等的。（2）连续性。该款项的发生必须是系列的，也就是必须是两笔或两笔以上的收付款项。（3）发生时间的均匀性。各笔款项发生的间隔期必须相同。

年金包括普通年金、先付年金、递延年金和永续年金等多种形式。其中，普通年金应用最为广泛。

2.现金净流量是指在项目计算期内每年现金流入量与当年现金流出量差额的序列数。

现金流入的内容：营业收入、回收的固定资产残值、回收的流动资金。

现金流出的内容：建设投资、垫付的流动资金、付现的经营成本、支付的各项税款。

建设期内发生的主要是投资支出，现金净流量一般为负值。在生产经营期内，现金净流量一般为正值。现金净流量的计算公式如下：

某年现金净流量=该年现金流入量-该年现金流出量

建设期某年的现金净流量=-该年发生的投资额

经营期某年的现金净流量=该年税后净利+该年折旧+该年摊销额+该年利息费用+该年回收额

七、计算分析题

1.$\because F=P\cdot(1+i)^n$

$\therefore$ 3年后的本利和 $F_3=50\times(1+9\%)^3$

$=50\times1.295=64.75$（万元）

2.$\because P=F\cdot(1+i)^{-n}$

$\therefore P=280\times\frac{1}{(1+12\%)^4}=280\times0.6355=177.94$（万元）

3. 2022年年末的本利和 $=20\times(1+10\%)^3+30\times(1+10\%)^2+25\times(1+10\%)$

$=20\times1.331+30\times1.21+25\times1.1$

$=26.62+36.3+27.5$

$=90.42$（万元）

4.（1）项目计算期=1+8=9（年）

（2）固定资产原值=800+80=880（万元）

（3）固定资产年折旧 $=\frac{880-32}{8}=106$（万元）

（4）终结点回收额=32万元

（5）每年利润=130万元

（6）建设期现金净流量（NCF_t，t=0，1）：

$NCF_0=-800$ 万元

$NCF_1=0$

（7）经营期现金净流量（NCF_t，t=2，3，…，8，9）：

$NCF_{2\sim8}=130+106=236$（万元）

$NCF_9=130+106+32=268$（万元）

5.（1）项目计算期=1+8=9（年）

（2）固定资产原值=80+8=88（万元）

（3）固定资产年折旧=$\frac{88-4}{8}$=10.5（万元）

（4）经营期各年总成本=13+10.5=23.5（万元）

（5）经营利润=33.9−3.9−23.5=6.5（万元）

（6）所得税=6.5×15%=0.975（万元）

（7）净利润=6.5−0.975=5.525（万元）

或 =6.5×（1−15%）=5.525（万元）

（8）计算期各年现金净流量：

NCF_0=−80万元

NCF_1=0

$NCF_{2\sim8}$=5.525+10.5=16.025（万元）

NCF_9=16.025+4=20.025（万元）

6.终结点的现金净流量=终结点经营现金净流量+回收额

=200+100=300（万元）

7.根据年金现值的计算公式：

年金现值=年金×年金现值系数

100=13.8×（P/A，i，10）

（P/A，i，10）=$\frac{100}{13.8}$=7.2464

i=6%　　系数=7.3601

i=?　　系数=7.2464

i=8%　　系数=6.7101

$\frac{i-6\%}{8\%-6\%}=\frac{7.2464-7.3601}{6.7101-7.3601}$

i=6.35%

这笔借款的利息率为6.35%。

8.复利终值=现值×复利终值系数

300 000=140 000×（F/P，8%，n）

（F/P，8%，n）=$\frac{300\ 000}{140\ 000}$=2.1429

n=9　　系数=1.9990

n=?　　系数=2.1429

n=10　　系数=2.1589

n=9+$\frac{2.1429-1.9990}{2.1589-1.9990}$=9+$\frac{0.1439}{0.1599}$=9.9（年）

本利和达到300 000元需要存款9.9年。

9.（1）2022年年初单利投资额的终值=100 000×（1+2×12%）=124 000（元）

（2）2022年年初各年预期收益的现值之和(单利)=20 000×$\frac{1}{1+12\%}$+30 000×$\frac{1}{1+12\%\times2}$+50 000×$\frac{1}{1+12\%\times3}$

=17 857.14+24 193.55+36 764.71

=78 815.40（元）

10.（1）至2022年年初从银行取出的本利和，属于普通年金终值问题，即：

F=A·（F/A，i，n）

=100×（F/A，10%，6）

=100×7.7156=771.56（万元）

（2）至2022年年末从银行取出的本利和，属于先付年金终值问题，即：

F=A·（F/A，i，n）·（1+i）

或 =A·［（F/A，i，n+1）-1］

代入上式可得：

F=100×（F/A，10%，6）×（1+10%）

=100×7.7156×1.1=848.72（万元）

或 F=100×［（F/A，10%，6+1）-1］

=100×（9.4872-1）=848.72（万元）

11.（1）2022年年初投资额的终值=60 000×［（F/A，8%，3）-1］

=60 000×（3.2464-1）=134 784（元）

（2）2022年年初各年预期收益的现值=50 000×（P/A，8%，3）

=50 000×2.5771=128 855（元）

12.此人现在应存入的现金=6 000×（P/A，7%，10）×（P/F，7%，8）

=6 000×7.0236×0.5820=24 526.4（元）

或 =6 000×［（P/A，7%，18）-（P/A，7%，8）］

=6 000×（10.0591-5.9713）=24 526.8（元）

13.此人每年年末应存入的现金 $=40\ 000\times\frac{1}{(F/A，6\%，5)}=40\ 000\times\frac{6\%}{(1+6\%)^5-1}$

$=\frac{40\ 000}{5.6371}=7\ 095.85$（元）

14.此人每年年末可提取的现金 $=20\ 000\times\frac{1}{(P/A，6\%，10)}=\frac{20\ 000}{7.3601}=2\ 717.35$（元）

15.按最低借款年利率8%计算的10年还本付息的总现值=6 000×（P/A，8%，10）

=6 000×6.7101=40 260.6（元）

由于预计借款42 000元，则按此利率每年还本付息6 000元是不够归还借款数额的，所以，不能借到42 000元的款项。

16.根据题意，P=20，r=12%，m=12，n=5，则：

实际年利率 $i=\left(1+\frac{r}{m}\right)^m-1=\left(1+\frac{12\%}{12}\right)^{12}-1=12.68\%$

5年后可取出的本利和 $=20\times(1+12.68\%)^5=36.33$（万元）

或 5年后可取出的本利和 $=20\times\left(1+\frac{12\%}{12}\right)^{12\times5}=36.33$（万元）

17.已知P=50 000，A=10 000，i=8%，则：

P/A=50 000÷10 000=5

即：（P/A，8%，n）=5

查年金现值系数表，在i=8%的列上纵向查找，不能找到恰好为5的系数值，于是找两个临界值，分别为5.2064（n=7）和4.6229（n=6），则：

$n=7+\frac{5.2064-5}{5.2064-4.6229}\times(6-7)=6.65$（年）

由于A设备的经济寿命为6年，在A设备至少6.65年才对公司有利的情况下，不能选择A设备，只能选择B设备。

第六章 短期经营决策分析

一、名词解释

1. 风险型决策所涉及的各种备选方案的各项条件虽然是已知的，但却是不完全确定的，可能存在着多种状况，每一方案的执行都可能出现两种或两种以上的结果。但每一种状况的出现可以事先估测其出现的可能性的大小，也就是其客观概率。这类决策由于结果的不唯一性，使决策存在一定的风险。

2. 成本平衡点是指两个方案总成本相等时的业务量。

3. 为了了解调价后利润是否能够增加，就要计算为了确保原有利润，调价后应至少达到的销售量指标，这一销售量指标就是利润平衡点销售量。

4. 按照存货管理的目的，需要通过合理的进货量和进货时间，使存货的总成本最低，这个批量称为经济订货量或订货批量。

5. 在提前订货的情况下，企业再次发出订货单时，尚有存货的库存量称为再订货点。它的数量等于交货时间和每日平均需求量的乘积。

二、填空题

1.战略决策　战术决策

2.确定型决策　风险型决策　不确定型决策

3.接受或拒绝方案决策　互斥方案决策　组合方案决策

4.单位变动生产成本

5.B

6.边际贡献分析法　差别分析法　相关成本分析法　成本平衡点分析法

7.利润最大化定价法　全部成本加成定价法　变动成本加成定价法

8.取得成本　储存成本　缺货成本

三、单项选择题

1.A　2.B　3.D　4.D　5.D　6.B　7.D　8.B　9.D　10.B

四、多项选择题

1.DE　2.ABCD　3.ABCD　4.ACE　5.ACD　6.ABCD

五、判断题

1.×　2.√　3.√　4.√　5.√　6.√　7.√　8.×　9.√　10.√

六、计算分析题

1.A产品可生产量=$\frac{5\ 000}{4}$=1 250（件）

B产品可生产量=$\frac{5\ 000}{2}$=2 500（件）

生产A产品的边际贡献总额=1 250×（40−25）=18 750（元）

生产B产品的边际贡献总额=2 500×（20−10）=25 000（元）

因为生产B产品比生产A产品边际贡献总额多6 250元（25 000−18 750），所以应生产

B产品。

2. 甲产品单位小时创造的边际贡献=$\frac{15-8}{4}$=1.75（元）

乙产品单位小时创造的边际贡献=$\frac{21-13}{5}$=1.6（元）

丙产品单位小时创造的边际贡献=$\frac{13-7}{3}$=2（元）

因为丙产品单位小时创造的边际贡献最高，所以应生产丙产品。

3. 甲产品单位产品所用机器小时=$\frac{10.8}{1.8}$=6（小时）

乙产品单位产品所用机器小时=$\frac{3.6}{1.8}$=2（小时）

丙产品单位产品所用机器小时=$\frac{1.8}{1.8}$=1（小时）

甲产品单位小时创造的边际贡献=$\frac{21.6}{6}$=3.6（元）

乙产品单位小时创造的边际贡献=$\frac{10.8}{2}$=5.4（元）

丙产品单位小时创造的边际贡献=$\frac{7.2}{1}$=7.2（元）

因为丙产品单位小时创造的边际贡献最高，所以剩余的10%生产能力应生产丙产品。

4. 采用差别分析法进行决策。

单位：元

项　　目	甲产品	乙产品	差异额
相关收入	140 000	140 000	0
相关成本	106 000	118 000	12 000
其中：增量成本	91 000	100 000	
专属成本	15 000	18 000	
差别损益			-12 000

差别损益为-12 000元，小于0，表示生产乙产品比生产甲产品少获利润12 000元，所以应生产甲产品。

5.（1）丙产品边际贡献=4 500-（1 000+900+800+700）

=1 100（元）

因为丙产品边际贡献为1 100元，大于0，所以应继续生产。如果停产，将使该企业利润减少1 100元。

（2）由于继续生产丙产品的边际贡献是1 100元，小于出租设备可获得的租金2 000元（机会成本），因此应当停产丙产品并将设备出租，可多获利润900元。

6.（1）接受订货增加收入=55×3 200=176 000（元）

接受订货增加成本=（24+18+10）×3 200=166 400（元）

接受订货增加损益=176 000-166 400=9 600（元）

接受订货可增加利润9 600元，而且不超出企业剩余生产能力，应接受订货。

（2）接受追加订货（单位：元）

相关收入	3 500×56=196 000
相关成本	184 000
其中：增量成本	3 500×52=182 000
专属成本	2 000
相关损益	12 000

接受订货可增加利润12 000元，而且不超过企业剩余生产能力，应接受订货。

（3）订货4 200件，已经超过了企业的剩余生产能力3 500件（10 000×35%），如果接受订货，将减少正常销售700件，此700件的销售收入应作为接受订货方案的机会成本。

接受追加订货（单位：元）

相关收入	55×4 200=231 000
相关成本	234 500
其中：增量成本	52×3 500=182 000
机会成本	75×700=52 500
相关损益	-3 500

接受订货将减少利润3 500元，不应接受订货。

（4）订货5 000件，已经超过了企业的剩余生产能力3 500件，如果接受订货，将减少正常销售1 500件，此1 500件的销售收入应作为接受订货方案的机会成本，设备出租可获租金也是接受订货方案的机会成本。

接受追加订货（单位：元）

相关收入	70×5 000=350 000
相关成本	300 000
其中：增量成本	52×3 500=182 000
专属成本	4 000
机会成本	75×1 500+1 500=114 000
相关损益	50 000

接受订货将增加利润50 000元，应接受订货。

7.具体分析如下：

单位：元

项　目	深加工为B产品	直接出售A半成品	差异额
相关收入	15×3 000=45 000	9×3 000=27 000	18 000
相关成本	20 000	0	20 000
其中：增量成本	2×3 000=6 000	0	
专属成本	11 000	0	
机会成本	3 000	0	
差别损益			-2 000

差别损益为-2 000元，即深加工将减少利润2 000元，所以应直接出售A半成品。

8.具体分析如下：

煤油500吨 单价1 500元/吨 { 汽油400吨（500 × 80%） 单价2 800元/吨；柴油75吨（500 × 15%） 单价2 000元/吨；损耗25吨（500 × 5%）}

单位：元

项　目	深加工为汽油和柴油	直接出售煤油	差异额
相关收入	2 800×400+2 000×75=1 270 000	1 500×500=750 000	520 000
相关成本	412 000	0	412 000
其中：可分成本	500×800=400 000	0	
专属成本	12 000	0	
差别损益			108 000

差别损益为108 000元，大于0，所以应进行深加工。

9.外购成本=1 800×2+（22+1）×1 500=38 100（元）

自制成本=500×12+3 500+（20-2）×1 500=36 500（元）

自制成本低于外购成本1 600元，所以应选择自制。

10.设成本平衡点为x，则：

外购成本y=3 600+23x

自制成本y=9 500+18x

3 600+23x=9 500+18x

$x=\frac{9\ 500-3\ 600}{23-18}=1\ 180$（件）

成本平衡点为1 180件，当A零件需用量在1 180件以下时，应外购（外购固定成本低）；在1 180件以上时，应自制（自制固定成本高）。

11.甲设备每年使用相关成本=30 000+150×700=135 000（元）

乙设备每年使用相关成本=25 000+170×700=144 000（元）

丙设备每年使用相关成本=40 000+145×700=141 500（元）

使用甲设备成本最低，所以应选择用甲设备生产B产品。

12.设成本平衡点为x。

甲、乙设备的折旧费属于沉没成本，与决策无关，不应考虑。

甲设备使用成本y=35 000+52x

乙设备使用成本y=28 000+66x

35 000+52x=28 000+66x

$x=\frac{35\ 000-28\ 000}{66-52}=500$（件）

成本平衡点为500件，当C产品年产量在500件以下时，应选择乙设备生产（乙设备固定成本低）；在500件以上时，应选择甲设备生产（甲设备固定成本高）。

13.（1）单价降低3%，可使销售量提高9%（3×3%）。

拟调单价=300×（1-3%）=291（元）

预计销售量=600×（1+9%）=654（件）

调价前利润=（300−150）×600−35 000=55 000（元）

$$利润平衡点销售量=\frac{固定成本+调价前利润}{拟调单价-单位变动成本}$$

$$=\frac{35\,000+55\,000}{291-150}$$

≈638（件）

因为预计销售量654件大于利润平衡点销售量638件，又不超过最大生产能力700件，所以该调价方案可行。

（2）单价降低6%，可使销售量提高18%（6×3%）。

拟调单价=300×（1−6%）=282（元）

预计销售量=600×（1+18%）=708（件）

708件超过了企业的最大生产能力700件，如果要生产，将使固定成本达到40 250元（35 000×（1+15%））。

$$利润平衡点销售量=\frac{40\,250+55\,000}{282-150}\approx 722（件）$$

因为预计销售量小于利润平衡点销售量，所以该调价方案不可行。

（3）单价提高10%，将使销售量降低30%（10×3%）。

拟调单价=300×（1+10%）=330（元）

预计销售量=600×（1−30%）=420（件）

$$利润平衡点销售量=\frac{35\,000+55\,000}{330-150}=500（件）$$

因为预计销售量小于利润平衡点销售量，所以该调价方案不可行。

14.（1）$Q^*=\{(2KD/Kc)[p/(p-d)]\}^{1/2}$

$=\{(2\times30\times6\,000\div2)\times[40\div(40-10)]\}^{1/2}=490$（件）

$TC(Q^*)=[2KD\cdot Kc(1-d/p)]^{1/2}$

$=[2\times30\times6\,000\times2\times(1-10\div40)]^{1/2}$

=734.85（元）

（2）交货时间与材料需用量及概率对应关系，可以表示如下（需用量单位：件）：

交货天数	13	14	15	16	17
材料需用量	13×10=130	14×10=140	15×10=150	16×10=160	17×10=170
概　　率	10%	15%	50%	15%	10%

第一，不设保险储备时：

再订货点=130×10%+140×15%+150×50%+160×15%+170×10%=150（件）

缺货的期望值=（160−150）×15%+（170−150）×10%=3.5（件）

TC（S，B）=5×3.5×（6 000÷490）+0×2=214.29（元）

第二，保险储备B=10时：

再订货点=150+10=160（件）

缺货的期望值=（170−160）×10%=1（件）

TC（S，B）=5×1×（6 000÷490）+10×2=81.22（元）

第三，保险储备B=20时：

再订货点=150+20=170（件）

缺货的期望值=0

TC（S，B）=20×2=40（元）

由上面的计算可知，保险储备为20件时，总成本最低，相应的再订货点应为170件。

15.（1）经济订货量=［2×年需求量×订货成本÷（单价×储存成本占比）］$^{1/2}$

=［2×30 000×60÷（100×30%）］$^{1/2}$

=346≈300（单位）

（2）再订货点=平均日需求量×订货天数+安全储备量

=30 000÷360×15+750

=2 000（单位）

（3）占用资金=（采购批量÷2）×单价+安全储备量×单价

=300÷2×100+750×100

=90 000（元）

第七章 长期投资决策分析

一、名词解释

1.年平均投资报酬率是指平均每年的现金净流量或净利润与原始投资额的比率。

2.回收期是指收回原始投资所需要的时间，也就是用每年现金净流量抵偿原始投资所需要的全部时间。

3.净现值是指投资方案生产经营期各年现金净流量的现值合计与投资额的现值合计之间的差额。

4.获利能力指数是指投资方案生产经营期各年现金净流量的现值与投资额的现值之比。

5.内含报酬率是指投资方案实际可达到的报酬率，也就是使投资方案的净现值等于零时的折现率。

6.固定资产的平均年成本是指与该资产相关的现金流出量的年平均值。

二、单项选择题

1.B 2.B 3.B 4.C 5.B 6.C 7.B 8.C 9.C 10.A 11.C 12.A 13.A 14.C

三、多项选择题

1.BDE 2.AC 3.ABCD 4.CD 5.BCD 6.BD 7.BCD 8.ABD

四、判断题

1.× 2.× 3.× 4.√ 5.√ 6.√ 7.√ 8.√ 9.× 10.× 11.×

五、计算分析题

1.年折旧额=$\frac{100}{10}$=10（万元）

年现金净流量=10+15=25（万元）

各年净现金流量相同。

非贴现的投资回收期=$\frac{100}{25}$=4（年）

净现值=25×（P/A，10%，10）−100=25×6.1446−100=53.62（万元）

获利能力指数=$\frac{25\times6.1446}{100}$=1.54

内含报酬率计算如下：

年金现值系数=$\frac{100}{25}$=4

年金现值系数	4.054	4	3.923
折现率	21%	?	22%

采用内插法计算可得：

内含报酬率=21%+$\frac{4.054-4}{4.054-3.923}$×（22%−21%）

=21%+0.41%

=21.41%

投资回收期小于经营期的一半（5年），净现值大于0，获利能力指数大于1，内含报酬率21.41%大于折现率10%，因此，该方案可行。

2.净现值=21×［（P/A，10%，7）−（P/A，10%，2）］−［30+20×（P/F，10%，1）］

=21×（4.868−1.736）−（30+20×0.909）

=65.77−48.18=17.59（万元）

不含建设期的非贴现的投资回收期=$\frac{20+30}{21}$=2.38（年）

含建设期的非贴现的投资回收期=2.38+2=4.38（年）

由于净现值大于0，因此，该方案可行。

3.甲方案净现值=90×［（P/A，9%，7）−（P/A，9%，2）］−［200+100×（P/F，9%，1）］

=90×（5.033−1.759）−（200+100×0.917）

=294.66−291.70=2.96（万元）

甲方案获利能力指数=$\frac{294.66}{291.70}$=1.01

乙方案净现值=$\frac{90}{(1+9\%)^2}+\frac{100}{(1+9\%)^3}+\frac{110}{(1+9\%)^4}+\frac{80}{(1+9\%)^5}+\frac{60}{(1+9\%)^6}-300$

=90×0.842+100×0.772+110×0.708+80×0.650+60×0.596−300

=75.78+77.20+77.88+52+35.76−300

=18.62（万元）

乙方案获利能力指数=$\frac{318.62}{300}$=1.06

乙方案净现值和获利能力指数均大于甲方案，应选择乙方案。

4.采用差额内含报酬率法：

投资差额=72−30=42（万元）

机械化设备年营业净利润=30−（16+6）=8（万元）

机械化设备年税后利润=8×（1−25%）=6（万元）

机械化设备年净现金流量=税后利润+折旧=6+6=12（万元）

自动化设备年营业净利润=60−（26+$\frac{72}{6}$）=22（万元）

自动化设备年税后利润=22×（1−25%）=16.5（万元）

自动化设备年净现金流量=税后利润+折旧=$16.5+\frac{72}{6}=28.5$（万元）

两种设备生产经营期各年净现金流量差额=28.5−12=16.5（万元）

差额内含报酬率计算如下：

年金现值系数$=\frac{42}{16.5}=2.55$

年金现值系数	2.588	2.55	2.534
利息率	31%	?	32%

采用内插法计算可得：

差额内含报酬率$=31\%+\frac{2.588-2.55}{2.588-2.534}\times(32\%-31\%)=31.70\%$

差额内含报酬率大于折现率12%，说明自动化设备效益好，因此，应进行设备更换。

5.（1）包括建设期的投资回收期=6+20÷［20−（−20）］=6.5（年）

不包括建设期的投资回收期=6.5−2=4.5（年）

（2）该项目的建设期是2年，投资是分期投入，第1年的年初和年末分别投入100万元，经营期是13年（15−2）。

6.（1）每年折旧额=（15 500−500）÷3=5 000（元）

第1年税后利润=20 000+（10 000−4 000−5 000）×（1−20%）
=20 800（元）

第2年税后利润=20 000+（20 000−12 000−5 000）×（1−20%）
=22 400（元）

第3年税后利润=20 000+（15 000−5 000−5 000）×（1−20%）
=24 000（元）

（2）第1年税后现金净流量=（20 800−20 000）+5 000=5 800（元）

第2年税后现金净流量=（22 400−20 000）+5 000=7 400（元）

第3年税后现金净流量=（24 000−20 000）+5 000+500=9 500（元）

净现值=5 800×0.909+7 400×0.826+9 500×0.751−15 500
=5 272.2+6 112.4+7 134.5−15 500=3 019.1（元）

7.甲方案：

年折旧额=（100−5）÷5=19（万元）

NCF_0=−150万元

$NCF_{1\sim4}$=（90−60）×（1−25%）+19=41.5（万元）

NCF_5=41.5+5+50=96.5（万元）

NPV=96.5×（P/F，10%，5）+41.5×（P/A，10%，4）−150
=96.5×0.621+41.5×3.170−150=41.48（万元）

乙方案：

年折旧额=（120−8）÷5=22.4（万元）

无形资产摊销额=25÷5=5（万元）

NCF_0=−120−25−65=−210（万元）

$NCF_{1\sim2}$=0

$NCF_{3\sim6}$=（170−80）×（1−25%）+22.4+5=94.9（万元）

NCF_7=94.9+65+8=167.9（万元）

NPV=167.9×（P/F，10%，7）+94.9×［（P/A，10%，6）-（P/A，10%，2）］-210

=167.9×0.513+94.9×（4.355-1.736）-210=124.68（万元）

甲、乙方案均为可行方案。

8.（1）计算税后现金净流量：

单位：元

项　　目	0	1	2	3
销售收入增加		2 000	3 000	5 000
折旧增加		1 800	1 800	1 800
利润增加		200	1 200	3 200
税后利润增加		160	960	2 560
收回流动资金				600
税后现金净流量	（6 000）	1 960	2 760	4 960

（2）计算净现值：

净现值=1 960×0.909+2 760×0.826+4 960×0.751-6 000

=1 781.64+2 279.76+3 724.96-6 000

=1 786.36（元）

（3）计算回收期：

回收期=2+（6 000-1 960-2 760）÷4 960=2.26（年）

（4）由于净现值大于0，应该接受该项目。

9.（1）原始投资：

设备买价　350万元

减：旧设备变现　80万元

净投资　270万元

（2）每年营业现金流入增量：

收入增加　4 000-3 000=1 000万元

付现成本增加　2 800-2 200=600万元

现金流入增加　400万元

（3）第8年年末残值变现收入23万元。

（4）NPV=400×（P/A，10%，8）+23×（P/F，10%，8）-270

=400×5.335+23×0.467-270

=1 874.74（万元）

因此，该技术改造方案可行。

10.（1）计算该项目A方案的下列指标：

① 项目计算期=2+10=12（年）

② 固定资产原值=500万元

③ 固定资产年折旧=（500-40）÷10=46（万元）

④ 无形资产投资额=650-500-100=50（万元）

⑤ 无形资产年摊销额=50÷10=5（万元）

⑥ 经营期每年总成本=129+46+5=180（万元）

⑦ 经营期每年营业利润=380-180=200（万元）

⑧ 经营期每年净利润=200×（1-25%）=150（万元）

（2）计算该项目A方案的下列现金净流量指标：

①建设期各年的现金净流量：

NCF_0=-（500+50）=-550（万元）

NCF_1=0

NCF_2=-100万元

②项目计算期期末回收额=40+100=140（万元）

③投产后1~9年每年的现金净流量=150+46+5=201（万元）

④终结点的现金净流量=201+140=341（万元）

（3）B方案的净现值=-700+161.04×（P/A，14%，10）

=-700+161.04×5.216

=139.98（万元）

因为B方案的净现值指标为139.98万元，大于0，所以B方案具有财务可行性。

第八章 全面预算

一、名词解释

1.全面预算又称总预算，是关于企业在一定时期内（一般不超过1年）经营、财务等方面的总体预算。

2.现金预算是概括地反映企业在整个预算期内现金收支余缺及其筹集与运用情况的预算。

3.弹性预算是根据收入、成本、利润同生产经营活动水平之间的数量关系，按照预算期内可预见的多种业务量水平分别确定相应的预算数，使编制的预算随着经营活动水平的变化而变化，因此也称变动预算。

4.零基预算又称零底预算，是指在编制预算时，对于所有的预算支出均以零为基底，不考虑以往情况如何，从根本上研究、分析每项预算有无支出的必要性以及支出数额的大小。

5.滚动预算又称连续预算，是指预算随着时间的推移而自行延伸并始终保持在某一特定期限（通常为1年）之内的一种连续性预算。

二、填空题

1.全面预算

2.销售预算

3.生产预算

4.现金收入　现金支出　现金剩余或不足　融通资金或投放资金

5.固定预算　弹性预算　零基预算　滚动预算

三、单项选择题

1.C　2.C　3.D　4.B　5.A　6.A　7.C　8.B　9.C　10.C

四、多项选择题

1.BCD　2.CD　3.ABD　4.BCD　5.ABC　6.ABCD　7.ABD

五、判断题

1.×　2.×　3.×　4.√　5.×

六、简答题

1.全面预算为企业整体及其各个方面确立了明确的目标和任务。它规划了每个职能部门的管理人员在计划期间的具体工作，从而保证了各部门和整个企业工作的顺利运行。编制全面预算可以把企业所有经济活动协调起来，为实现总的战略目标而努力。

2.编制全面预算的作用概括起来有以下三点：

（1）明确目标、控制业务：制定企业和各个职能部门在计划期间的工作目标，以及达到目标所拟采取的方法和措施，从而达到指导和控制业务的目的。

（2）内部协调、综合平衡：可以促使各部门管理人员了解本部门在全局中所处的地位、所起的作用，协调和平衡各职能部门的计划，从而实现最佳经济效益。

（3）分析比较、评价业绩：预算是评价企业生产经营各个方面工作成果的基本尺度，在生产经营过程中，把实际成果同预算目标进行对比，考核和分析实际成果同预算之间的差异，既可以考核各部门或有关人员的工作业绩，同时也有助于促进各方面及时采取有效措施，消除薄弱环节，保证更好地完成预定目标。

七、计算分析题

单位：元

月　　份	6	7	8	9	10
工作底稿					
营业收入	6 000	7 000	8 000	9 000	10 000
收账					
销货当月（销售收入的20%）		1 400	1 600	1 800	
销货次月（销售收入的80%）		4 800	5 600	6 400	
收账合计		6 200	7 200	8 200	
采购金额（下月销货的70%）	4 900	5 600	6 300	7 000	
购货付款（延后1个月）		4 900	5 600	6 300	
现金预算					
（1）期初余额		8 000	6 450	6 730	
（2）收账		6 200	7 200	8 200	
（3）购货		4 900	5 600	6 300	

续表

月　　份	6	7	8	9	10
(4) 工资		750	100	1 250	
(5) 其他付现费用		100	200	700	
(6) 预交所得税				2 000	
(7) 购置固定资产		8 000			
(8) 现金多余或不足		450	7 750	4 680	
(9) 向银行借款（1 000元的倍数）		6 000		2 000	
(10) 偿还银行借款（1 000元的倍数）			1 000		
(11) 支付借款利息（还款支付，年利率12%）			20		
(12) 期末现金金额（最低6 000元）		6 450	6 730	6 680	

第九章　标准成本法

一、名词解释

1.标准成本是事先制定的、经过努力能达到的目标成本。

2.标准成本法是指将事先制定的标准成本与实际成本进行对比以揭示成本差异，对成本差异进行因素分析，并据此加强成本控制的一种会计信息系统和成本控制系统。

3.现实标准成本是根据企业最可能发生的生产要素耗用量、生产要素价格和生产经营能力利用程度而制定的标准成本。

4.价格差异是指实际价格脱离标准价格所产生的成本差异。

5.数量差异是指实际单位耗用量脱离标准单位耗用量所产生的成本差异。

6.由于固定制造费用不随业务量的变动而变动，所以，只要实际发生的固定制造费用与固定制造费用预算额不同，就应该认为产生了固定制造费用成本差异。这种成本差异就是预算差异。

7.能量差异是指预算产量标准工时与实际产量标准工时不同所产生的成本差异。

8.能力差异是指预算产量标准工时与实际产量实际工时不同所产生的成本差异。

9.效率差异是指实际产量实际工时与实际产量标准工时不同所产生的成本差异。

10.有利差异是指因实际成本低于标准成本而形成的节约差。

11.不利差异是指因实际成本高于标准成本而形成的超支差。

二、单项选择题

1.A　2.D　3.C　4.D　5.B　6.A　7.B　8.B　9.B　10.A　11.B　12.C

三、多项选择题

1.AD　2.ABE　3.BD　4.BCD　5.ABCD　6.ABCE

四、判断题

1.√ 2.√ 3.√ 4.√ 5.√ 6.√ 7.√

五、简答题

标准成本法的作用主要表现在：

① 便于成本控制。

② 为企业决策提供依据。

③ 可以简化成本核算。

④ 便于编制预算和考核。

六、计算分析题

1.（1）实际成本=10 260元

实际产量标准成本=4 000×2.5×0.88=8 800（元）

成本差异总额=10 260−8 800=1 460（元）（不利差异）

（2）材料价格差异=10 800×（$\frac{10\ 260}{10\ 800}$−0.88）=756（元）（不利差异）

材料用量差异=0.88×（10 800−4 000×2.5）=704（元）（不利差异）

2.（1）直接材料成本差异总额=800×4×11−800×5×10

=35 200−40 000=−4 800（元）（有利差异）

材料价格差异=800×4×（11−10）=3 200（元）（不利差异）

材料用量差异=（800×4−800×5）×10=−8 000（元）（有利差异）

（2）直接人工成本差异总额=800×2.1×3.2−800×2×3

=5 376−4 800=576（元）（不利差异）

工资率差异=800×2.1×（3.2−3）=336（元）（不利差异）

效率差异=（800×2.1−800×2）×3=240（元）（不利差异）

（3）变动制造费用成本差异总额=800×2.1×0.8−800×2×1

=1 344−1 600=−256（元）（有利差异）

变动制造费用预算差异=800×2.1×（0.8−1）=−336（元）（有利差异）

变动制造费用效率差异=（800×2.1−800×2）×1=80（元）（不利差异）

3.（1）标准固定制造费用分配率=$\frac{60\ 000}{20\ 000}$=3（元/小时）

实际产量标准固定制造费用=16 000×3=48 000（元）

固定制造费用差异总额=61 700−48 000=13 700（元）（不利差异）

（2）两差异法：

预算差异=61 700−20 000×3=1 700（元）（不利差异）

能量差异=20 000×3−48 000=12 000（元）（不利差异）

（3）三差异法：

预算差异=61 700−20 000×3=1 700（元）（不利差异）

能力差异=（20 000−17 500）×3=7 500（元）（不利差异）

效率差异=（17 500−16 000）×3=4 500（元）（不利差异）

4.本月固定制造费用实际支付数额=实际产量标准制造费用+总差异

=（1 150×2.4）+（200+120−480）=2 600（元）

第十章 绩效分析

一、名词解释

1.从管理学角度看，绩效是效率和效能的总和。其中，效率是对产出与投入的比率进行测量；效能则是将实际成果与原定的预期成果进行比较。前者适用于一切能将投入和产出量化或货币化的比较；后者则可用于那些无法用货币来计量的收益的比较。

2.绩效管理是指企业与所属单位（部门）、员工之间就绩效目标及如何实现绩效目标达成共识，并帮助和激励员工取得优异绩效，从而实现企业目标的管理过程。绩效管理的核心是绩效评价和激励管理。

3.经济增加值又称经济附加值，是税后净营业利润扣除全部投入资本的成本后的剩余收益。经济增加值及其改善值是全面评价经营者有效使用资本和为企业创造价值的重要指标。

二、填空题

1.绩效评价　激励管理报告　数据可靠　结论清楚

2.价值创造模式　战略目标　指标体系

3.企业战略

三、单项选择题

1.A　2.C　3.C　4.B　5.C　6.C　7.B　8.B

四、多项选择题

1.ABCD　2.ABCDE　3.ABCD　4.ABCDE　5.ABCDE　6.ABCD　7.ABCDE

五、判断题

1.√　2.√　3.√　4.×　5.×

六、简答题

1.企业进行绩效管理，一般应遵循以下原则：

（1）战略导向原则；

（2）客观、公正原则；

（3）系统全面原则；

（4）科学有效原则；

（5）相对稳定原则；

（6）注重沟通原则。

2.经济增加值衡量的是企业资本收益和为企业带来经营利润的所有资本的成本之间的差额。其简略的计算公式如下：

经济增加值（EVA）＝税后净营业利润－加权平均资本成本×平均资本占用

经济增加值的另一种表现形式是：

经济增加值（EVA）＝资本效率×资本

其中，资本效率是指每单位资本所能产生的超过单位资本成本的收益，它是资本回报率和资本成本的差额，代表了单位资本创造财富的能力，只有单位资本效率为正时，企业才真正为投资人创造了新的财富。

3.（1）确定公司的使命、蓝图与战略。公司的使命、蓝图与战略应简单明了，并对每个部门来说均有实际意义，使每个部门可以采用一些绩效衡量指标去达成。

（2）设立平衡计分卡小组或委员会，解释公司的使命、蓝图和战略，并建立财务、客户、内部业务流程、学习与成长四类具体的目标。

（3）为四类具体目标找到最贴切的绩效衡量指标。

（4）公司内部沟通与教育。利用各种不同的沟通渠道，如定期或不定期的刊物、信件、公告、标语和会议等，让各阶层管理人员了解公司的使命、蓝图、战略和绩效衡量指标。

（5）确定每年、每季、每月的绩效衡量指标具体数字，并与公司的计划和预算相结合，注意各类指标间的关联性。

（6）将每年的报酬奖励制度与平衡计分卡相挂钩。如对应各类别指标，设计不同的权数，最后求出加权分数，并作为奖励考核的基础。

（7）采用员工的意见，修正平衡计分卡指标并改进公司策略。

4.（1）财务维度：

财务维度指标可以显示企业的战略及其实施和执行是否对改善企业盈利有所贡献。财务目标通常与获利能力有关，其衡量指标包括投资资本回报率、净资产收益率、经济增加值、息税前利润、自由现金流、资产负债率、总资产周转率等。

（2）客户维度：

客户维度指标通常包括市场份额、客户满意度、客户获得率、客户保持率、客户获利率、战略客户数量等。业务单位的管理者应当能够清晰阐明客户和市场战略，从而创造出出色的财务回报。

（3）内部业务流程维度：

管理者要确认组织必须擅长的关键流程，这些流程能够帮助企业提供价值，以吸引和留住目标市场的客户，并满足股东对财务回报的期望。

（4）学习与成长层面：

它确立了企业要实现长期增长及改善而必需的软实力框架，确立了目前和未来成功的关系。一般来说，企业的实际能力与实现突破性业绩所必需的能力之间往往存在较大的差距，为了弥补这个差距，企业必须鼓励创新、投资于员工的能力提升、投资于技术研发，唯有如此，才能推动企业内部业务流程的持续改善。

第十一章 责任会计与管理会计报告

一、名词解释

1. 责任会计是在分权管理的条件下，为适应经济责任制的要求，在企业内部建立若干责任单位，并对它们分工负责的经济活动进行规划与控制的一整套专门制度。

2. 企业内部能够控制成本的任何一级责任中心都是成本中心。

3. 利润中心是指除了能够控制成本以外，还能控制销售和收益的责任中心。

4. 投资中心是既对成本、利润负责，又对投资负责的责任中心。

5. 在责任会计中，各责任中心相互结算所选用的计价标准称为内部转移价格。

6.内部支票结算是指在发生内部交易后，由付款单位根据有关原始凭证或业务活动证明向收款单位签发内部支票，收款单位审核无误后将支票送存内部结算中心或内部银行，通知其从付款单位账户中转账划拨款项的内部结算方式。

7.转账通知单结算是指收款单位提供产品或劳务后，根据有关原始凭证或业务活动证明签发转账通知单，通知企业内部结算中心或内部银行将转账通知单转给付款单位，让其付款的一种内部结算方式。

8.内部货币结算是指使用在企业内部发行的、仅限于在本企业内部流通的货币（如内部货币、资金本票、流通券、资金券等）进行内部往来结算的一种内部结算方式。

9.管理会计报告是指企业运用管理会计方法，依据财务和业务的基础信息加工整理形成的，满足企业价值管理和决策支持需要的内部报告，如战略规划报告、人力资源报告、研究开发报告、绩效评价报告等。管理会计报告是管理会计信息输出的呈现方式之一，它能够为企业各层级进行规划、决策、控制和评价等管理活动提供有用信息。

10.战略层管理会计报告是为满足战略层进行战略规划、战略制定、战略执行、战略评价以及其他方面的管理活动提供相关信息的对内报告。该报告的对象是企业的战略层，包括股东大会、董事会和监事会等。战略层管理会计报告包括但不仅限于战略管理报告、综合业绩报告、价值创造报告、经营分析报告、风险分析报告、重大事项报告、例外事项报告等。这些报告可独立提交，也可根据需要整合后提交。

11.成本报告是成本管理报告的一种，反映成本执行结果，属于事后报告。最重要的成本报告是企业根据日常成本核算资料及其他相关资料编制的，用以反映企业一定期间成本水平及构成情况的成本报表。成本报表主要用来满足企业内部管理需要，属于内部管理报表。企业可根据生产特点和管理要求，自行决定成本报表的设置种类、格式、指标项目、编制时间和报送范围，具有较大的灵活性。

12.责任报告又称业绩报告、绩效报告，是根据责任会计的有关记录编制而成，用来揭示责任预算与实际预算执行结果之间差异的内部会计报告。责任报告也是对责任中心进行业绩考核与评价的依据和基础。通过编制和分析责任报告，可以揭示预算与实际执行结果之间的差异、产生差异的原因及其承担的责任，从而有助于对各责任中心的业绩进行考核评价，有助于责任中心的上层管理者实现对其经营活动的及时了解、控制与调节，从而最大限度地提高责任中心的工作绩效。

二、填空题

1.责权利相结合原则　目标一致性原则　可控性原则　反馈性原则　例外管理原则

2.成本中心　利润中心　投资中心

3.责任成本　产品成本

4.按议价制定

三、单项选择题

1.C　2.C　3.D　4.B　5.D　6.C　7.C　8.D　9.B　10.B　11.D　12.A　13.C　14.A　15.B

四、多项选择题

1.CE　2.AB　3.AB　4.ABCD

五、判断题

1.× 2.√ 3.× 4.× 5.√ 6.√ 7.√ 8.√ 9.× 10.√

六、简答题

1.内部结算中心的主要任务有：

（1）设立内部结算账户，即为企业内的每一个责任中心在内部结算中心开立账户。

（2）发行内部支票、内部货币等结算工具，即根据企业实际需要印制和发行各种结算凭证。

（3）制定结算制度，实施内部控制，即通过制定统一的内部结算方式，规定统一的结算程序和结算时间，加强对各责任中心结算内容与结算行为的监督、规范与控制。

（4）发放内部贷款，即根据财务部门核定的资金和费用定额及有关规定，在企业范围内统一调配资金余缺，对各责任中心所需的资金发放有偿贷款，或全额贷款有偿使用，或只是对超出定额部分的贷款有偿使用。

（5）筹措资金，即以整个集团或企业的名义，通过各种渠道，运用各种融资手段取得所需资金。

（6）建立信息反馈系统，即定期或不定期地将企业资金流通与余缺的情况以报表的形式反馈给各责任中心以及企业管理部门，以实现资金信息的及时传递与有效沟通。

2.进行责任成本结转时，需要首先依据各种准确的原始记录和合理的费用定额，准确计算应提供给损失发生责任中心的经济补偿，并编制责任成本结转表，作为责任成本结转的依据。

责任成本结转的方式包括直接的内部货币结算方式和内部结算中心转账两种。前者是将内部货币直接支付给损失方；后者是损失发生责任中心与损失责任承担中心在内部结算中心设立的账户之间进行转账。

3.内部支票结算主要适用于收、付款双方直接见面进行经济往来的业务结算，如车间到仓库领用原材料、上游部门将半成品交由下游部门进一步深加工、车间将完工产品交付入库等。这一结算方式可以使收付款双方一手“钱”、一手“货”，明确双方责任，避免由于产品数量、质量、价格等原因在结算过程中发生纠纷，影响责任中心正常的资金周转。

4.管理会计报告和财务会计报告的联系体现在：

第一，两者均以企业整体经营活动为基础，通过的财务信息以及非财务信息为企业内外的利益相关者提供决策支持，是现代会计信息系统中的两个核心子系统。

第二，管理会计报告弥补了财务会计报告的不足。管理会计报告更详尽和具体地揭示了公司运营管理、战略实施，乃至风险管理的各个方面。财务会计报告有一套规范的概念、准则、原则体系，一方面使得不同企业的会计信息可比，便于信息使用者比较分析；另一方面它却妨碍了内部管理者根据管理的需要从新的维度分析和阐释信息以及管理工作的机动性和灵活性。管理会计报告与财务会计报告相结合，可以为内部管理者和外部信息使用者提供更为动态、多维度的综合信息。

第三，管理会计报告与财务会计报告互相影响和促进。内部与外部的划分是相对的，有些本属于内部管理会计报告的内容在对外披露时，会作为财务会计报告的附属部分。外部信息使用者对信息的诉求会使得信息披露规则发生变化，原本管理会计报告的内容也可能会进入到对外披露的行列。企业会出于各种考虑，自愿披露一些管理会计报告的信息。企业管理者在进行管理会计决策时，也会利用财务会计报告。此时，财务会计报告就变成了管理会计报告的一部分。

管理会计报告与财务会计报告的区别见下表：

项目	管理会计报告	财务会计报告
编制基础	财务信息和非财务信息	财务信息为主
服务对象	服务于对管理会计信息有需求的各个层级、各个环节的管理者	主要服务于外部使用者
报告内容	管理会计报告不限于反映企业整体的经营活动情况，可以根据决策需要对某个局部、某个细节、某个流程、某个产品、某个责任人等编报各类相关信息	财务会计报告主要反映企业整体的财务状况、经营成果和现金流量情况
报告范围	不限于历史信息，将影响企业未来决策的重要信息都纳入报告范围	主要反映历史信息
报告期间	可以根据管理的需要和管理会计活动的性质设定报告期间。一般应以日历期间（月份、季度、年度）作为企业管理会计报告期间，也可以根据特定需要设定企业管理会计报告期间	定期编制，以月份、季度、年度作为会计报告期间
计量方式	不限于货币计量	货币计量
信息类型	数据信息与非数据信息并重，根据管理决策需要选取不同的信息类型	主要披露财务会计的数据信息，非数据信息只是数据信息的补充
规范要求	格式灵活	受会计准则等相关制度的规范，格式统一

5.管理会计报告的编报原则主要有：

（1）责任匹配原则。

（2）例外原则。

（3）比较原则。

（4）及时原则。

（5）标准化原则。

（6）清晰原则。

（7）成本收益原则。

6.管理会计报告流程包括报告的编制、审批、报送、使用等环节。管理会计报告由管理会计信息归集、处理并报送的责任部门编制。企业应根据报告的内容、重要性和报告对象等，确定不同的审批流程，经审批后报告方可报出。企业管理会计报告可以根据报告性质、管理需要逐级报送或直接报送。由于管理会计报告会比对外报告揭示更多的细节，为了保护商业机密，企业应建立管理会计报告使用的授权制度，报告使用人应在权限范围内使用企业管理会计报告。随着信息化、数字化的发展，企业应当充分利用信息技术，强化管理会计报告及相关信息集成和共享，将管理会计报告的编制、审批、报送和使用等纳入企业统一信息平台。

7.企业管理会计报告可以按照多种标准进行分类，包括但不限于以下几种分类：

（1）按照企业管理会计报告使用者所处的管理层级可以分为战略层管理会计报告、经营层管理会计报告和业务层管理会计报告；

（2）按照企业管理会计报告内容不同可以分为综合企业管理会计报告和专项企业管理会计报告；

（3）按照管理会计功能可以分为管理规划报告、管理决策报告、管理控制报告和管理评价报告；

（4）按照责任中心可以分为投资中心报告、利润中心报告和成本中心报告；

（5）按照报告主体整体性程度可以分为整体报告和分部报告。

七、计算分析题

1.（1）填列表格如下：

金额单位：万元

投资中心	甲投资中心		乙投资中心	
	追加投资前	追加投资后	追加投资前	追加投资后
总资产	50	100	100	150
息税前利润	4	8.6	15	20.5
息税前利润率	8%	8.6÷100×100%=8.6%	15%	20.5÷150×100%=13.67%
剩余收益	−1	8.6−100×10%=−1.4	+5	20.5−150×10%=5.5

（2）决策如下：由于甲投资中心追加投资后剩余收益减少，故不应追加投资；乙投资中心追加投资后剩余收益提高，故可追加投资。

2.（1）剩余收益：

A公司=4 200−30 000×10%=1 200（元）

B公司=5 000−70 000×8%=−600（元）

C公司=3 000−20 000×15%=0

D公司=6 000−40 000×12%=1 200（元）

（2）利用该投资机会后的剩余收益：

A公司=4 200+10 000×11%−（30 000+10 000）×10%

=5 300−4 000=1 300（元）

B公司=5 000+10 000×11%−（70 000+10 000）×8%

=6 100−6 400=−300（元）

C公司=3 000+10 000×11%−（20 000+10 000）×15%

=4 100−4 500=−400（元）

D公司=6 000+10 000×11%−（40 000+10 000）×12%

=7 100−6 000=1 100（元）

由此可知，A、B公司剩余收益提高，应利用此次投资机会；C、D公司剩余收益减少，应拒绝此次投资机会。

3. 甲中心：A=500 000−480 000=20 000（元）

B=20 000÷10%=200 000（元）

C=500 000÷200 000=2.5（次）

D=480 000÷500 000×100%=96%

E=20 000÷480 000×100%=4.17%

乙中心：H=100 000×24%=24 000（元）

F=100 000×3=300 000（元）

G=300 000−24 000=276 000（元）

I=276 000÷300 000×100%=92%

J=24 000÷276 000×100%=8.70%

丙中心：K=450 000−22 500=427 500（元）

L=450 000÷90 000=5（次）

M=427 500÷450 000×100%=95%

N=22 500÷427 500×100%=5.26%

O=22 500÷90 000×100%=25%

丁中心：P=16%÷（4×80%）×100%=5%

八、综合题

1.（1）甲中心追加投资后的指标计算（金额单位：元）：

投资中心	甲中心		乙中心	总公司	
	变动后	变动量		变动后	变动量
息税前利润	180 000	+80 000	450 000	630 000	+80 000
经营总资产平均占用额	3 000 000	+1 000 000	3 000 000	6 000 000	+1 000 000
总公司规定的总资产息税前报酬率	10%	0	10%	10%	0
总资产息税前报酬率	6%	+1%	15%	10.5%	−0.5%
剩余收益	−120 000	−20 000	150 000	30 000	−20 000

（2）乙中心追加投资后的指标计算（金额单位：元）：

投资中心	甲中心	乙中心		总公司	
		变动后	变动量	变动后	变动量
息税前利润	100 000	740 000	+290 000	840 000	+290 000
经营总资产平均占用额	2 000 000	5 000 000	+2 000 000	7 000 000	+2 000 000
总公司规定的总资产息税前报酬率	10%	10%	0	10%	0
总资产息税前报酬率	5%	14.8%	−0.2%	12%	+1%
剩余收益	−100 000	240 000	+90 000	140 000	+90 000

（3）如果甲中心追加投资，将使甲中心的总资产息税前报酬率增加1%，甲中心必定认为投资方案具有可行性；但从总公司的角度看，总资产息税前报酬率降低了0.5%，最终结论是甲中心追加投资的方案不具有可行性。

如果乙中心追加投资，将使乙中心的总资产息税前报酬率降低0.2%，乙中心必定认为投资方案不具有可行性；但从总公司的角度看，总资产息税前报酬率增长了1%，最终结论是乙中心追加投资的方案具有可行性。

由此可见，采用总资产息税前报酬率作为投资中心投资效果考核指标，将导致下级投资中心与总公司的利益发生矛盾。

（4）如果甲中心追加投资，将使甲中心剩余收益降低20 000元，同时使总公司的剩余收益也降低20 000元，这样无论从甲中心还是总公司的角度看，最终结论都是甲中心追加投资的方案不具有可行性。

如果乙中心追加投资，将使乙中心剩余收益增加90 000元，同时使总公司的剩余收益也增加90 000元，这样无论从乙中心还是总公司的角度看，最终结论都是乙中心追加投资的方案具有可行性。

由此可见，采用剩余收益作为投资中心投资效果考核指标，将使下级投资中心与总公司的利益取得一致。

2.据题所给资料，投资中心业绩评价应使用部门投资报酬率和剩余收益指标。

（1）投资报酬率=营业利润÷营业资产×100%

A部门投资报酬率=19÷90×100%=21.11%

B部门投资报酬率=20÷100×100%=20%

C部门投资报酬率=18÷100×100%=18%

（2）剩余收益=营业利润-营业资产×资本成本率

A部门=19-90×16%=4.6（万元）

B部门=20-100×16%=4（万元）

C部门=18-100×16%=2（万元）

因此，可以认为A部门最好，B部门次之，C部门最差。